成都·成华历史人文丛书　专题卷

成华老工业基地的历史岁月

大東郊

周明生　著

四川文艺出版社

图书在版编目（CIP）数据

大东郊：成华老工业基地的历史岁月 / 周明生著. — 成都：四川文艺出版社，2020.9（2022.1重印）

ISBN 978-7-5411-5788-2

Ⅰ.①大… Ⅱ.①周… Ⅲ.①老工业基地—工业史—成都 Ⅳ.①F429.711

中国版本图书馆CIP数据核字（2020）第166796号

DA DONG JIAO : CHENGHUA LAOGONGYE JIDI DE LISHISUIYUE

大东郊：成华老工业基地的历史岁月

周明生　著

出品人　张庆宁
责任编辑　李国亮　陈雪媛
封面设计　叶　茂
内文设计　叶　茂
责任校对　蓝　海

出版发行　四川文艺出版社（成都市槐树街 2 号）
网　　址　www.scwys.com
电　　话　028-86259287（发行部）　028-86259303（编辑部）
传　　真　028-86259306

邮购地址　成都市槐树街 2 号四川文艺出版社邮购部　610031
排　　版　四川最近文化传播有限公司
印　　刷　永清县晔盛亚胶印有限公司
成品尺寸　157mm × 235mm　　开　本　16 开
印　　张　15.75　　字　数　240 千
版　　次　2020 年 9 月第一版　　印　次　2022 年 1 月第二次印刷
书　　号　ISBN 978-7-5411-5788-2
定　　价　43.00 元

《成都·成华历史人文丛书》
编委会

总序

成华区作为成都历史上独立的行政区划，是从 1990 年开始的，它是一个非常年轻的区。但是成华这块土地，作为古老成都的一个重要组成区域，则有着悠远的历史与深厚的文化根基。

“成华”区名，是成都县与华阳县两个历史地理概念的合称，而成都与华阳很早就出现在古代典籍中。《山海经 · 大荒北经》中曾有“大荒之中，有山名曰成都载天”的记载，有学者据此认为，成都可能是远古时候的一个国名，或者是古族名。华阳之名也一样历史悠久，《尚书 · 禹贡》云：“华阳黑水惟梁州。”梁州是上古的九州之一，包括今天川渝及陕滇黔的个别地方，华阳即华山之阳，是指华山以南地方。东晋常璩所撰写的西南地方历史著作《华阳国志》便以地名为书名。唐代开始，地处“华山之阳”的成都平原上便有了华阳县，也从此形成了成都市区二县共拥一城的格局。唐人李吉甫在地理名著《元和郡县图志》一书中，对成都与华阳做了更进一步的记载：“成都县，本南夷蜀侯之所理也，秦惠王遣张仪、司马错定蜀，因筑城而郡县之。”“华阳县，本汉广都县地，贞观十七年分蜀县置。乾元元年改为华阳县，华阳本蜀国之号，因以为名。”由此可见，成都与华阳历史之悠久，仅从行政区域角度看，成都从最初置县至今已有两千三百多年，而华阳置县从唐乾元元年（758）至今也有一千二百多年了。

不仅成华之名源远流长，具有丰富的人文内涵，成华这片土地更是积淀着厚重的历史与文化。可以说成华既是一部沉甸甸的史书，也是一首动人心魄的长诗。这里有纵贯全境且流淌着历史血液与透露着浓烈人文气息的沙河，有一万年前古人类使用过的石器，有堆积数千年文明的羊子山，有初建成都城挖土形成的北池，有浸透了汉赋韵律的驷马桥，有塞北雄浑的穹顶式和陵，有闻名宇内的川西第一禅林，有道家留下的浪漫神话传说，有移民创造的客家文化，还有难忘的当代工业文明记忆，还有世界的宠儿大熊猫……

成华有叙述不尽的历史故事。

成华有百看不厌的人文风景。

成华的历史是悠久的巴蜀历史的一部分；成华土地上生长的文明是灿烂的巴蜀文明的重要组成部分。

为了把这耀眼的历史文化集中而清晰地展现给人们，同时也为后世保留一笔珍贵的精神财富，中共成华区委和成华区人民政府立足全区资源禀赋和现实基础，将组织编写并出版“成都·成华历史人文丛书”纳入“文化品牌塑造”工程的重要内容之一。由成华区委宣传部、成华区文联、成华区文旅体局、成华区地志办等单位牵头策划，并组织一批学者、作家共同完成这套丛书，包括综合卷与街道卷两大部分，共计二十册。其中综合卷六册，街道卷十四册。综合卷从宏观的视野述说沙河的过往，清理历史的遗迹，讲述客家的故事，描写熊猫的经历，抒写诗文的成华，回眸东郊工业文明的辉煌成就。街道卷则更多从细微处入手，集中挖掘与整理蕴藏在社区、在民间的历史文化片断。

历史潮流滚滚前行。成华作为日益国际化的成都主城区之一，随着城市化进程的深入推进，对生活在成华本土的“原住民”和外来“移民”，更加渴望了解脚下这片土地，构建了积极的文化归宿。此次大规模地全面梳理、挖掘本土历史，并以人文地理散文的形式出版，在成华建区史上尚属首次。这既顺应了群众呼声、历史潮流，又充分展现了成华人的文化自觉和文化自信。

“成都·成华历史人文丛书”是成华人对成华悠久历史、深厚文化的一次深邃的打量，更是成华人献给自身脚下这片土地的一份深情与厚爱！

书籍记录岁月，照亮历史，传播文化。书籍是人类精神文明的载体，中华数千年的历史文化传承，书籍功莫大焉。如今，中国人民正在追求民族复兴的伟大梦想，通过书籍去回顾历史、展望未来，乃是实现这一复兴之梦的重要路径。

身在“华阳国”中的成华人，也有自己的梦。传承悠久的巴蜀文明，弘扬优秀的天府文化，正是我们的圆梦方式之一。

这便是出版“成都·成华历史人文丛书”的宗旨和意义之所在。

张义奇　蒋松谷

序

在历史洪流中撷取浪花

我为成都东郊六十年的沉浮变迁写过两部书，一部是长篇报告文学《沉浮东方》，另一部是长篇小说《大梦沙河》，两部书分别获成都市第八届、第九届“五个一工程”奖。长篇报告文学《沉浮东方》有一个很特别的尾声叫“东郊月”，把成都东郊的命运放到宇宙中来思考。我在写长篇小说《大梦沙河》时，就想写一个与报告文学迥然不同的尾声，想把小说中的几个主要人物安排到猛追湾的四川广播电视塔上去聚会，让他们在两百多米的高空鸟瞰他们的精神家园——成都东郊，让他们在理想与现实之间碰撞出思维的火花。我跟成华区文化馆长蒋松谷相约，提前去电视塔上体验一番。这一去，就看到了异乎寻常的风景。

我俩乘坐高速电梯，来到218米的高空。透过观景平台上通透性极佳的环形玻璃幕墙，但见云天空阔，气象万千，城市的面貌尽收眼底。远远近近，高楼林立，蜿蜒流过的府河宛若青罗带，纵贯东西南北的马路伸向天边的地平线，来来往往的汽车成了玩具。我俩高高在上，鸟瞰着脚下的大地，专注地搜索起心目中的景物来。我俩找到了二号桥（今新华桥），之后，目光沿着缎带般的府河的大湾向北移动，又在左侧找到了建设路、建设路上的老东郊宿舍区楼群，东北方向隐隐约约掩映在崭新楼盘之间的“莫斯科红楼”，以及在老东郊的地面上林立的高层电梯公寓。正前方远处有一幢土红色的楼房，我们辨认出是昔日红光电子管厂的办公大楼（今东郊记忆的数字音乐基地）。因为视角关系，建设路变得窄窄的，分隔成都东郊宿舍区和工厂区的沙河也不见了踪影。

脚下，曾经是如雷贯耳的成都东郊的一片热土。成都人把府河以东称作东郊。成都东郊是个大致的范围，它包括府河以东的工业区和辽阔田野，以及相连的东山余脉。东郊其实只是一个习惯上的称呼，并没有明确的范围界定。十几年前，成都市准备实施“东调”（成都东郊工业区结构调整），成立了专门的调查组进行调查摸底。由于没有范围界定，调查组只好把目光锁定在成华区、锦江区的解放路、府河以东、三环路以内的范围内。

作为老工业基地的成都东郊，当年是全国三大电子工业基地之一，是名扬全市、全省，乃至全国的工业建设热土，老一代的产业工人在这片热土上演绎着恢宏历史。

那时，成都东郊是秘密的军事工业基地，是国防工业区，能成为这里工厂中的一员，曾经是莫大的荣耀。或者仅仅是进入这个区域，在其他部门，诸如省级的、市级的国有单位上班，也让东郊圈子以外的人羡慕不已。成都东郊国有工业企业满怀着光荣与梦想，曾经创造过无与伦比的辉煌。这里曾经崛起过一片面积达 16.4 平方公里的成都市最早、最大的工业集中发展区，这里弥漫着建设社会主义的激情，这里是中国电子工业的摇篮、四川工业的骄傲，好些堪称中国第一的电子产品从这里诞生，这里一直在为中国的国防工业和航天事业做出极为特殊的贡献。

但是，时过境迁，成都东郊工业集群化整为零，相继搬出了这个老工业基地。以建设路为代名词的成都东郊如今已经烟消云散，它经历了沧海桑田般的巨大变化，这就是“东调”。“东调”是交织着激情与艰辛的工业战略大转移，是曾经撬动成都东郊发展的、让老东郊人刻骨铭心的重大事件。2001 年 8 月 8 日，这是一个历史性的时刻。这天，中共成都市委、市政府做出重大决策：实施东郊工业区结构调整。到了 2006 年 10 月，历时五年的艰苦努力，基本完成了东郊工业企业的搬迁改造。与“东调”相伴的是，污染严重的沙河得到了彻底整治，不仅重新焕发了青春，还精心构筑了一条散点式的文化长廊——“沙河八景”。她因此荣获了有着世界级河流奥斯卡大奖之称的“国际舍斯河流奖”。众多的工厂搬走了，沙河犹如花枝招展的美人一样讨人喜欢，曾经的成都东郊变得宜居了。于是，现代商贸业、物流业、旅游业和房地产业在这一片曾经的老工业基地上蓬勃发展。成都东郊融入了现代化的成都市区。建设路于 2009 年 12 月华丽转身，正以自己的时尚和繁华，变身为“建设路大商圈”的核心。

成都东郊，这个诞生于中华人民共和国成立之初，饱含着光荣与梦想的名词，将逐渐沉入时光之河，随着波涛渐行渐远。

东郊这地方面积实在太大，工厂实在太多，仅分布在成华区的规模以上工业企业就有 169 家，虽经 20 世纪 90 年代的大规模裁员，到东调时的从业人员仍有 15.3 万之多。时间跨度又是从 1953 年至 2011 年，将近六十年的时间。在两万多天里，它分分秒秒都在产生故事，它积淀在时光中的往事浩如烟海。但是，本书的容量极其有限，因此写作难度极大。首先遭遇的是时间跨度长，其次是时代背景复杂，加之本书是要求采用人文地理书籍的方式来写作，这就决定了本书不可能从头到尾一一道来。成都东郊已成历史，这本小书也就只能在浩浩荡荡的历史洪流中舀上数勺水，采撷数朵浪花而已。

成都市成华区街道示意图

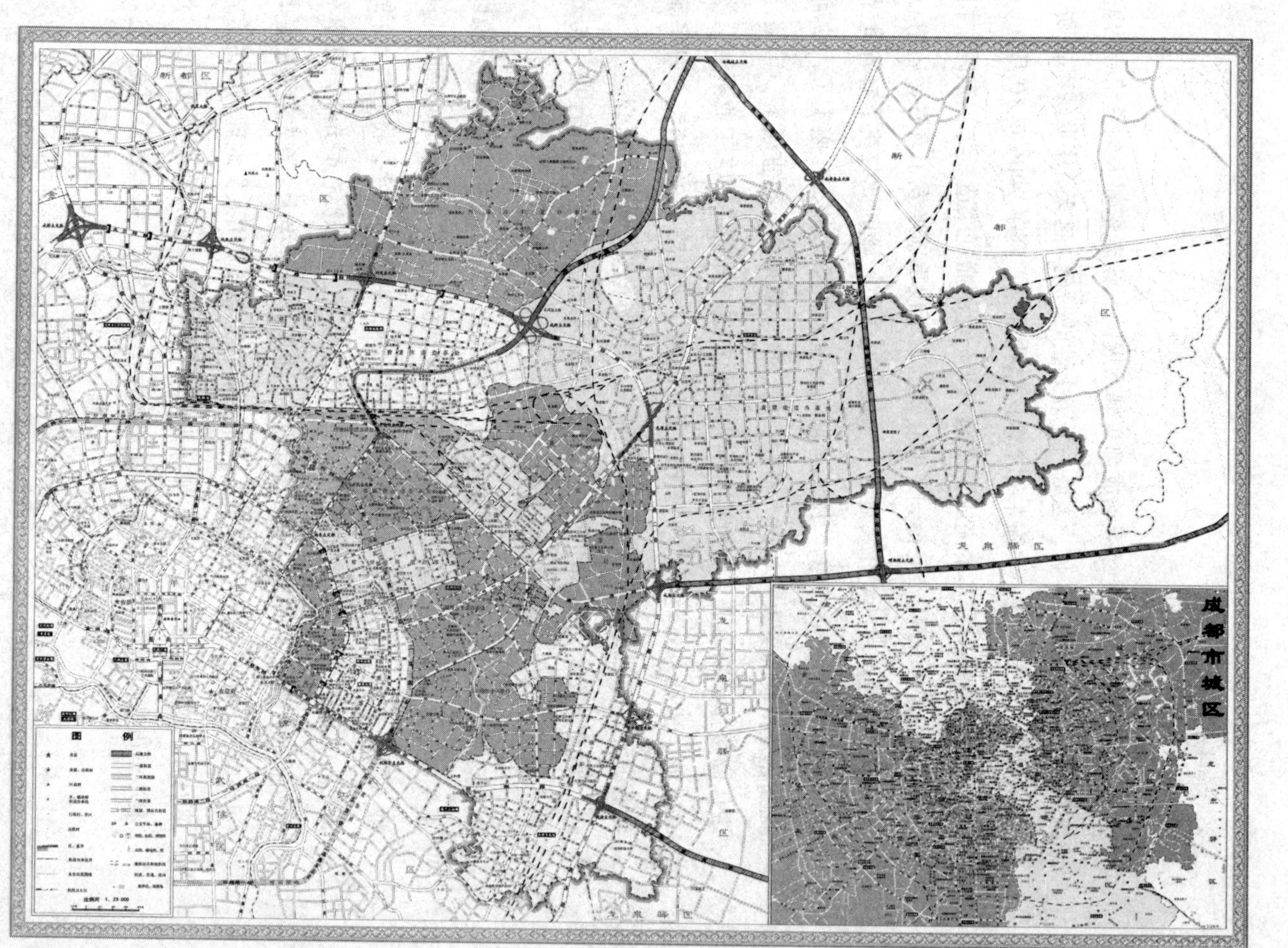

目录

府河桥头的庄严界牌

既神秘又神圣的成都东郊

从前，成都只有北、西、南三方是富饶美丽的川西平原，而东路却是浅丘陵地区，高度从十米、数十米至百余米不等，人们习惯称之为东山。成都虽是历代文化名城，东山却是蛮荒之地。东山是狩猎、砍樵、放牧和官兵练兵之处，也是成都人的墓葬区，因明末清初的数十年战乱，成都东山完全沦为荆蓁丛莽、走兽出没之地。成都东山被开垦为良田沃土，全凭着在清朝前期“湖广填四川”的移民大潮中，从闽、粤、赣迁徙而来的客家人的辛勤劳作。成都东山是客家人的天下，这里成了他们聚居的地域。

从1953年起，国家把这里确定为电子工业的基地，这里变成了现代化的大工业特区，人们也就约定俗成地把它叫作成都东郊了。

成都东郊不仅是电子工业，而且是国防工业的秘密军工基地。1953年，斯大林逝世，经过艰苦的谈判，继任的赫鲁晓夫同意在苏联原来援建中国的141项重点工程项目之外，再增加15个电子工业项目，而成都东郊最终布点9项。除了最初布点的715厂（宏明无线电器材总厂、82信箱），784厂（锦江电机厂、107信箱），719厂（新兴仪器厂、69信箱），773厂（红光电子管厂、106信箱）等4个国营大厂外，还有776厂（国光电子管厂、6信箱），906厂（成都电机厂、68信箱），766厂（前锋无线电仪器厂、40信箱），成都量具刃具厂、成都热电厂等5个国营大厂，又还有苏联部分援建的4个国营大厂：420厂（新都机械厂、77信箱），708厂（南光机器厂、109信箱），208厂（西南光学玻璃厂、35信箱），成都肉联厂。成都东郊分布着这13家苏联全部援建或部分援建的大型国有工厂，可见其地位之重要。

如此一来，成都东郊就不仅仅是个地理概念了，而是一个秘密军事工业区的代名词。在当年的国际国内大环境下，保密是不容疏忽的。滚滚流淌的府河水于是成了东郊最好的隔离带——一道水做的围墙。要到成都东郊，就必须要通过建在府河上的两座钢筋水泥的大桥：南北走向的一号桥（今新华桥）和东西走向的二号桥（今红星桥，以后在二号桥以南还建了东风大桥）。老东郊人都记得，在改革

▼ 带有神秘感的东郊警示牌　1980年代初期　成华区政协供图

开放以前，三座桥的桥头上分别树立着一块长方形的水泥牌子，上面用中、俄、英三国文字写着一个同样的内容：“外国人未经许可不准超越”。这水泥牌子白底黑字，其貌不扬，朴素已极，以两根方形水泥柱子作为支撑。牌子上的字迹是用黑油漆喷上去的，它就像国境线上的界碑一样庄严。除了当年的苏联专家以外，外国人一概被挡在了府河西岸。因为他们一旦过桥，就等于踏上了东郊这片特区，而这片既神秘又神圣的特区，是绝对不允许外国人自由进入的。老东郊人一谈起当年桥头的水泥牌子，心里的那份自豪溢于言表。

过去，职工一进东郊的信箱厂，首先进行保密教育：不该打听的不打听，不该讲的不讲，不该知道的不知道，不该看到的即使看到了也不能讲。通信时，不能将工厂的信箱号和厂名同时写在信封上，否则不仅信发不出去，而且还要受到口头警告。东郊信箱厂的政治警惕性也非常高。

军工是半军事化管理。那个时候，东郊的信箱厂十分重视保密工作，可谓警卫森严，担任门卫警戒的是解放军驻厂部队，国营420厂甚至驻扎了一个解放军连队。此外，正师级的各厂均设有公安科，正军级的420厂则设的是公安处。除了门卫，各厂普遍都有厂中之“厂”，凡涉及核心机密的车间，必须要持特种通行证才能进。

公安科（处）的一大职责，就是在每天下班前，将技术人员交来的公文包签收，并存放在铁质保密柜里。违反保密规定的人，将受到严厉惩处，甚至判刑。某厂曾有一名调试工，因擅将机密材料摘抄在私人笔记本上，被送劳教。

20世纪80年代以前，成都市区的丈母娘找女婿，姑娘找对象，首先就要问：是不是东郊信箱厂的？如果是信箱厂的，就觉得了不得。如果成都市区集体单位的小伙子找了东郊信箱厂的姑娘的话，那简直就不亚于癞蛤蟆吃了天鹅肉，朋友、同事会投来敬慕的目光，自己也会感到十分骄傲。还有一种说法，20世纪80年代以前的东郊工人是“工人贵族”，省、市乃至部里的好些高干子弟都选择在东郊信箱厂工作。但身为国防军工厂的工人，一般来说却更愿意找同是信箱厂的女工，一来不仅门当户对，工资福利待遇高，双职工容易分到房子；二来还省去了许多麻烦，与信箱工厂以外的姑娘结婚，要先打申请，工厂政治部还要出面对女方进行“查三代”，必须等到外调后，审查批准了才能结婚。

国营719厂有位扛过枪的老革命，找了个地主家庭出身的姑娘，他很爱这个姑娘，工厂政治部的人找他谈话，劝他不要跟那姑娘结婚，他却固执己见。谈话人问他：“你要党籍还是要老婆？”他说：“我两个都要。”谈话人说：“不行。”结果，他婚是结了，却从此成为内控对象。这还因为看在他是老革命的分儿上，才没有将他除名。

当时，成都东郊的信箱厂对职工的政治审查是很严的，查直系亲属，查主要社会关系是否有政治上的污点，查一代、查二代还不行，还必须查三代。何时查出有政治问题，何时走人。比如：784厂就曾利用1962年体制下放的机会，把那些所谓有问题的职工动员出去。他们有的去了街道办事处，有的去了银行。真是三十年河东三十年河西，被动员出去的人反而成了收入和待遇都比一直在厂里的员工高得多的一群人。当时，为了保密，784厂周围两公里以内的住户全部搬迁。

有一天，有个工人端着猎枪打猎，对着一棵大树上的鸟儿砰地放了一枪。这一枪却落了个企图暗杀苏联专家的罪名，因为那棵树的后面是工厂工艺科的楼房，楼房里有正在办公的苏联专家。这个工人百口莫辩，被逮捕后判了十八年刑。那个时候不存在替犯罪嫌疑人辩护的问题，工厂保卫处就可以抓人进行审讯，然后给公安局打个电话，一会儿就来人把你抓走了。

那时，对生产安全方面的控制是比较严格的，如果你加工的某个零件出了问题，影响了某个重要军工产品的质量，就要追究你的责任，国营784厂有个车工就因为这个，被判了二十年徒刑。所幸的是，二十年后刑满释放，工厂仍然接收了他，并且仍安排回原车间工作。

生产上一旦出现问题，如果有人举报你是故意的，工厂政治部就要审查你，当时有个罪名叫破坏军工生产，那就只有等着坐牢。过去，国营719厂生产的所有产品都要经过一个叫真空炉胆的设备，才能出厂。工人都感到心惊胆战，因为那个材料比黄金还贵，一个炉胆要值几十万，那可是20世纪70年代的几十万啊！那几十万很可能拿上去冒一股青烟就没有了。所以，工人们操作的时候都全神贯注，如履薄冰。这个部件必须要退火，真空炉是苏联人设计的，他们撤走时带走了图纸。这个真空炉经常坏，后来该厂做了技术革新才解决了问题。

国营970厂（亚光电工厂）发生的两件事，让人印象深刻。当年，该厂的某半导体军工器件要在显微镜下涂一种“光刻胶”，这是一种极其珍贵的进口感光胶，装在一个很小的瓶子里，某个工人打扫卫生时，一不小心把它当垃圾丢了，公安局立刻介入。还有一次，因在烘箱里做连续耐高热试验的某半导体军工器件失控，公安局也是立刻介入调查。

成都东郊最早建在圣灯寺周边的4个信箱厂有配套的关系，但非完全配套。715厂生产基础元件，719厂生产罗盘，784厂生产整机雷达，773厂生产显像管、摄像管。715厂的零件不会专为784厂配套，全国所有的相关厂都可用他们的零件。北京718厂也是综合的电子元件厂，当时全国只有这两个最老的电子元件厂。这些都依赖计划分配，由每年的电子产品分配会议来决定。

军工行业有其特殊性。420厂生产的飞机发动机，并非为成都西郊132厂配套。以784厂为例，它是雷达整机厂，成都东郊生产的电子元件、器件，需要运到外地（或许南京，或许东北）组装成部件后，再运回成都，由784厂总装，检验合格后再发往部队。这样运来运去，造成成本很高。但是，这在当时是国家的总体布局。

军工厂的三个厂名

1953年，当国家决定把苏联援建的156项重点工程中的4项摆在成都的时候，成立了一个总筹备组。总筹备组赶到成都做的第一件事，就是注册了一个名叫“82”的信箱。因为这4个新厂牵涉国防建设和国家机密，二机部10局强调一定要注意保密，要求筹备组一定要减少通信，工程地址绝不能告诉外人，信封上的通信地址只能写82信箱。后来因为715最大，人数最多，并且筹备组的多数人也到715去了，就把82信箱给了715。

成都东郊的大型军工企业都有三个厂名，第一厂名是内部编号，几十年来一直没有变更过；第二厂名是公开的，为的是掩人耳目，叫人无法望文生义，猜不透该工厂究竟是生产什么产品的；第三厂名是工厂向邮局申请注册的通信地址——某某信箱。比如：715厂就是内部编号，也是第一厂名，它是国家骨干军用电子元件配套企业；第二厂名起初叫国营西南无线电器材厂（以后改名叫国营宏明无线电器材总厂，宏明两个字就取自当时厂党委书记和厂长名字中间的第二个字——书记赵宏图，厂长夏明文）；第三厂名叫82信箱。又比如：生产军用雷达整机的784厂，第二厂名叫国营锦江电机厂，第三厂名叫107信箱。生产为飞机、导弹配套的通信、导航系列产品的719厂，第二厂名叫国营成都无线电厂（后改称国营新兴仪器厂），第三厂名叫69信箱。于1957年从绵阳迁到因为技术过时已经停办的

788厂原址的773厂（苏联援建的156项工程之一），是我国第一家最大的综合性电子束管骨干企业，其第二厂名（公开厂名）叫国营成都电子管厂（后更名为国营红光电子管厂），第三厂名叫106信箱。

原国营784厂（锦江电机厂、107信箱）党委办公室主任蔡鹤皋，于1988年庆祝该厂开工生产三十周年时，写过一篇《筹建岁月漫忆》的文章，正好可以作为上述情况的补充和佐证。

蔡鹤皋在文章中写道：

> 筹备组刚成立时，统一用七一五厂的八二信箱为通信地址，工厂代号和住地一律保密，不得泄露。一九五四年八月，我厂开设了自己的邮政信箱和电报挂号。随着工厂对外联系的增多，一九五八年，主管局通知设立第二厂名，并征求工厂意见。当时，建设社会主义的总路线已经公布，有的同志提议叫“上游”厂；有的同志以工厂位于历史名胜锦江之滨，取“锦江春色来天地”的意思，提议叫“锦江”厂等等。结果以“锦江”方案上报，经批复同意，并颁发给印章。①

比如773厂第二厂名的得名则纯属偶然，工厂最早向国家电子部报的厂名叫“马槽沟一号”，因为当时放眼望去，只见一片田野没有人烟，刚好有一条叫马槽沟的灌溉水渠穿过工厂，所以就暂时以它报了厂名。后来才正式更名为红光电子管厂。

---

① 蔡鹤皋：《筹建岁月漫忆》，784厂内部资料。

由此可见，东郊大型军工企业的第一厂名是与生俱来的，第三厂名（向邮政局申请注册的邮箱）是各个厂的筹备组在第一时间申请的，恰恰是对社会公开的第二厂名才是最后决定的，有的厂根据实际情况后来仍然有变动。

秘密军工基地

说成都东郊是秘密军工基地并非空穴来风。当年，府河三桥（红星桥、新华桥、东风桥）桥头树的水泥牌子——“外国人未经许可不准超越”就毫不含糊地暗示你，府河那边是秘密军工基地。

如果一个不明就里的外地人擅自闯入东郊，如果没有东郊人的指点，他只会感到莫名其妙，他既找不到相关的工厂，也找不到相关工厂的宿舍区。因为当年的军工厂有个奇妙的现象，在20世纪70年代末以前，它们的大门口绝对不挂任何显示该单位名称的牌子。为什么不挂？就是为了保密，让外来人员丈二和尚摸不着头脑。改革开放以后，计划经济逐步退出历史舞台，这些军工厂为了适应市场的需求前进了一步，在大门口钉上一块蓝底白字的铜牌或铁牌。铜牌或铁牌的大小类似于现在市区街头钉的邮政编码牌，上面有表示信箱编号的阿拉伯数字，比如国营715厂（宏明无线电器材总厂、82信箱）门口钉的就是“82”，国营776厂（国光电子管厂、6信箱）门口钉的就是“6”，等等。当年，这些信箱厂的汽车的车牌号也与众不同，它们都要在车牌上标明各自工厂的信箱号，比如国营719厂（新兴仪器厂、69信箱）的车牌号就是69－×（×指汽车的具体编号）。

所有信箱厂的工人工资里，都专门含有一笔保密费，每月三至十元不等，须知当时普通行政干部一级的工资级差才五块钱。工厂的保密级别高，保密费就相应要高些，比如：制造雷达的整机厂国营

784厂（锦江电机厂、107信箱）的保密级别最高，该厂每人每月的保密费就要比719厂高出一块钱。当年，东郊信箱厂工人的工资是成都市所有单位中最高的，比成都市公务员（那时称行政干部）的工资都要高。20世纪80年代中期，成都市总工会要调在773厂工作的民俗画家戴树良去总工会工作。如果他离开红光电子管厂，工资将减少七十多块，结果被他婉言谢绝。谁知，他信赖的红光厂这个金饭碗，在市场经济浪潮中大红大紫，大起大落，最后破产倒闭。当然这是后话了。

从1953年至1980年的二十多年间，在计划经济的老格局下，成都东郊形成了全国最大的电子元器件基地。1953年在圣灯寺周边的浅坡上布局的4个大厂，都是二机部10局下属的秘密工厂，当时的二机部是国防工业部，10局是军事工业局。715厂是国家骨干军用电子元件配套企业，是全国最大的电子元件基地；719厂生产为飞机、导弹配套的通信、导航系列产品，1962年9月9日打下美国高空无人侦察机U—2飞机，就有719厂生产的无线电制导设备和引信设备的功劳；于1957年从绵阳迁到788厂原址的773厂，是我国第一家最大的综合性电子束管器件基地。

784厂是雷达总装厂，是地处成都的两个国防工业总装厂之一。不管是当年打下美军U—2飞机，还是神舟号系列宇宙飞船上天，包括北京奥运会的召开，都离不开该厂生产的雷达作保障。该厂始终在为我国的国防提供最好的装备。

776厂是为雷达、尖端武器等配套生产电子产品，是全国最大的发射管基地。

906厂是我国最早建成的微特电机制造厂，是电子部唯一一家为军事电子装备配套的特种微电机工厂。通俗一点说，906厂是专门为天上飞的、地上跑的、水里游的，甚至在太空遨游的种种机器提供五花八门电机的生产厂家。

1982年10月中共中央、国务院、中央军委给企业发来贺电，国防科工委于12月给企业发来感谢信。成都电机厂在运载火箭、通讯卫星研制发射成功配套工程获国家表彰。为331工程配套多项产品获立集体功，国家授予荣誉锦旗。贺电与感谢信原文摘要如下：

贺电：在海上发射运载火箭获得成功，向参加我国运载火箭研制和发射试验的同志们祝贺！

感谢信：潜艇水下发射运载火箭获得成功，感谢有关单位！

该厂拥有国内唯一一条通过认证的“力矩电机贯彻国军标生产线”，产品曾多次获得部、省、市及国防科工委颁发的优质产品奖和技术进步奖！[①]

745厂是三线建设时期内迁组建的一个新厂，是全国最大的军用钨钼丝生产基地。

970厂也是三线建设时期内迁组建的重点项目，是电子部元器件的骨干企业，屡屡为我国的人造卫星、运载火箭、氢弹等多个重大军

① 《激情岁月——成都东郊工业史话》，成华区政协文史学习委员会编印，准印证号：川新出（2019）064，第184页。

事装备和科研项目做配套。2003年10月15日以后陆续向太空发射的“神舟”系列航天飞船，乃至国庆大阅兵时隆隆驶过的坦克，都有该厂提供的电子元器件。

208厂（隶属于兵器工业部的成都光学玻璃厂）于1958年在草棚里研发出军用光学玻璃。如果说，军用光学仪器是各种战略战术武器的眼睛，那么，军用光学玻璃就是制造人工眼睛的重要材料。军用光学仪器对于巩固国防、装备军队、实现完整和独立自主的国防体系的重要意义不言而喻。

当年对东郊工业的布局，是以备战为出发点的，具有历史的局限性。到了今天，尽管东郊的好些工厂不存在了，但是，它们当年在国家最需要的时候发挥了作用，解决了国家的急需，尤其在“两弹一星”方面发挥了重大作用，为以后的大发展做了很好的铺垫。

20世纪60年代初，773厂生产的黑白显像管供天津生产的“北京牌”电视机配套用。773厂另一大类是生产军品，比如：示波器用的示波管、摄像管、夜间摄像管、图像倍增管、雷达指示管等，都处于世界先进水平。“两弹一星”的成功发射，东郊的这些军工厂都起了很大的作用。如果没有773厂生产的管子，仪器就成了“瞎子”，发射现场将什么都看不见。当年有个“09”工程（即核潜艇建造工程）是经毛泽东主席亲自批准的国防重点工程项目，全国有几百家院、校、厂、所参加建造，四川只有核工业第一研究院2所和773厂参加。773厂所承担的任务主要是四室储能管中的大屏幕直观式607管的研制。经过十来年的不懈努力，整管技术指标不断提高，“09-1”核潜艇终于成功下水，高质量的“607管”也成了773厂产品中的明星。

当年，东郊的好多厂都成为全国相关工厂的基地，起到了向全国辐射的作用。比如：773厂就有来自全国的几百人在这儿学习。贵州建成电子工业基地，全是三线建设时期由东郊这边的工厂包建的，去了大批的人员、整套设备、技术资料，包括厂领导。

国营766厂（前锋无线电仪器厂、40信箱）人自诩自己的工厂为“东郊的桥头堡”。因为从架在府河上的一号桥（红星桥）进入东郊，首先映入眼帘的，就是府青路边前锋厂巍然屹立的办公大楼。一般人是从使用前锋生产的民品知道前锋的。前锋的燃气炉具、燃气热水器、抽油烟机等都是畅销的产品。人们却不知道前锋是中国第一个自行设计建设的无线电测量仪器厂，中国第一个无线电测量仪器骨干企业，是中国产品、技术处于一流地位的军用电子仪器定点生产企业，20世纪中叶亚洲最大的无线电测量仪器专业生产企业。前锋人对于自己的企业有着极大的自豪感，他们在如今前锋的形象宣传册里这样标示：

我们曾参与的重大项目：

中国第一代批量生产的高频电感电容测量仪——仿苏LCCG-1

中国第一颗人造卫星——东方红一号

中国第一代航天远洋测量船——远望号

中国第一艘载人飞船——神舟五号飞船

……

我们不妨再来看看715厂《辉煌50年》的形象宣传册：

作为国家骨干军用电子元器件配套企业，宏明一直为国家诸如“921工程”等重点项目以及多项国家重点工程项目配套，为航天、航空、兵器、电子、船舶等系统的重点工程配套，提供大量高品质元器件。多次受到国家、信息产业部、航天系统等表彰。

承载中国人几千年飞天梦想的神舟系列飞船，同样凝聚着宏明人的心血，从飞船地面的控制设备、火箭船体等配套的数以万计的高品质电子元器件，为飞船的正常运行提供了可靠的保证，为国防事业默默奉献。

成都东郊当年的这些军工厂虽然已经搬走了，进行了“军转民”，进行了改制重建，但他们的职责之一就是“保军”，至今依然担负着为国家生产军品的光荣任务，依然在新时期发挥着特别的光和热，为共和国的国防事业默默奉献着。

建设路的由来

建设路是成都东郊老工业基地工人上下班的必经之路。在高峰期，建设路曾经汹涌过钱塘江潮般的自行车潮水。

建设路的标准配置是有两排枝繁叶茂的梧桐树作为行道树。树后，隔着一条大约十来米宽的人行道和一条排水沟，就是工厂宿舍区楼房外墙下的一排夹竹桃，年复一年，曾经盛开过一丛丛红红白白的夹竹桃花。梧桐树曾经郁郁葱葱，遮天蔽日，让在马路上骑自行车的人和人行道上的行人在夏日里备感清凉。当然，这是20世纪80年代以前的建设路的景象，也是在老东郊人的心目中永远挥之不去的景象。

今天的建设路早已脱胎换骨。在成都东郊这个老工业基地退出建设路之后，为了实现“成都建设路，时尚新东方”的宏伟目标，成华区付出了许多努力，对已经老旧过时的建设路进行了彻底改造。成华区投入1.5亿元，把建设路打扮得时尚光鲜，焕然一新。工厂宿舍区的围墙早已不见了踪影；临街的楼面、铺面进行了风格统一的外墙装饰；重新铺设下水道，实行雨污分流；路面重新铺沥青；所有管线全部入地，街上不见一根电杆，路两边重新树立华丽的路灯；宽阔的人行道上，重新铺了美丽的花岗石，在两边人行道与大街的交界处，布置了大大小小的花圃；街两边所有商铺的店招变成了大小统一的横匾；大街两边原本遮天蔽日的老梧桐树被疏了枝，将路两边各具特色的商铺亮出。

大凡对成都东郊的历史有所了解的人，在建设路上徜徉很难不心潮澎湃。在过去的数十年间，建设路是成都东郊的象征和缩影。成都东郊，是中国电子工业的摇篮，四川工业的骄傲，成都最早最大的工业集中发展区，它造就了成都工业发展的辉煌，留下了数位党和国家领导人到此视察的足迹，是成都东郊数十万产业大军的骄傲和自豪。

建设路承载着成都东郊工业文明的厚重历史，承载着东郊的光荣与梦想。建设路，见证过工人们为了共和国的崛起而付出的艰辛努力，见证过他们的喜怒哀乐。幸好，在彻底改造建设路的时候，还不忘在变得时髦亮丽的路上留下东郊工业文明的印记，真是善莫大焉！

在一环路与建设路的交叉口，矗立着一座酱红色的牌坊，牌坊采用了一台桁车的独特造型，上面镌刻着毛泽东书法字体的“建设路　一九五八年”几个字。这座牌坊是对建设路辉煌历史的怀念和致敬。当初桁车牌坊建好后，没有题字肯定是不行的，谁最有资格为建设路题字，当然不会是一般的文人墨客，只有1958年3月视察过成都量具刃具厂的伟大领袖毛泽东最合适。可惜他老人家当时来去匆匆，并没有留下墨宝，并且现成的毛体集字也无法找到这三个字。成华区文化馆馆长蒋松谷就到网上搜集了许多毛泽东的书法来拼。本以为是水到渠成的事，结果却屡经周折。

那段时间，蒋松谷潜心研究毛泽东的书法。他发现毛泽东写字是很随意的，收放自如，不受约束，字如其人。毛泽东的字随着他的人生经历也有一个变化的过程，从读师范时规矩的小楷，到中华人民共和国成立后的狂放。一般人熟悉的毛体，都是左斜跨的、转折顿笔很重的、一捺长飘的那种。他最先找到了“建”字，那是毛泽东当年写给宋庆龄，邀她北上共商建国大计的。“路”字也找到了，恰好当年成渝铁路通车，毛泽东写过贺信。一个完整的“建”字，相当于给这三个字的风格和笔画处理定了调，“路”放在一起就不般配了，但“路”某个笔画又合适，只好将“路”拆散，另找毛体笔画来拼凑。毛泽东写“设”字很少，唯一写过的一次又非常潦草，完全不便用。只得先找了个合适的毛体“言”旁，再找其他部分来拼。每个字或偏旁，他都找了毛体的九种写法，却发现没有一个完整的字与其他两字都放一起时是搭调的，只好借助电脑，把所有的字拆分成若干笔画来重新组合。结果花了一周时间，拼了三十二种方案，其中只有一种方案感觉最好。蒋馆长再经千里奔波，寻找到一位名叫杨马丁的毛体研究专家，由他最后定夺，选定的也是蒋馆长感觉最好的那种方案。后来又传来上级的指示，叫加上“一九五八年”几个字。牌坊虽然不能出现“毛泽东”三个字的落款，但加上“一九五八年”，也就等于传递了毛泽东当年视察过东郊的信息了。本以为加这几个字不费吹灰之力，结果，遍览毛氏书法，却找不到他老人家写过这几个字的踪影。结果，还是只好拼凑加修饰。

名人说：细节决定成败。这座酱红色的牌坊之所以得到人们普遍的认可，其中的“细节”应当说起的作用可不算小。

那么，何谓建设路呢？

从西到东穿越成都东郊工厂宿舍区的这条街道，就叫建设路。

建设路的历史并不是很长。那是从1953年成都东郊被规划为现代化的军事工业区开始，而逐步演变成现在这个模样的。在1953年以

▲ 2011年的成都建设路一环路口　成华区政协供图

前，这里只是一片阡陌纵横的广阔田野。

建设路，在成都是大名鼎鼎，如雷贯耳。其实建设路很短，只有两公里长。它从府河东岸的猛追湾、今成华公园的大门处起步，横穿一环路东一段，再穿越架在沙河上的建设大桥，跟二环路接上就到终点了。在那接上口子的地方，早先东山浅丘陵的缓坡上，有座初建于明朝万历二十年（1592）的曾经香火很旺的圣灯寺。成都东郊最初的4个以信箱为代号的国防大厂，就布局在以圣灯寺为地标的周边。所以，这条连接成都东郊工厂区和宿舍区的道路最初并不叫建设路，而是根据一般命名的习惯，叫猛圣路——猛追湾到圣灯寺。

成都东郊的规划以沙河为界，是按河东为厂区，河西为宿舍区来布局的。最初建的715、784、719、788等4个厂（后来，788因技术过时停建，从绵阳搬来了使用788厂址的773厂），他们的宿舍区都规划在沙河以西的田野上。建设路的1号、2号门对门，坐落在沙河东侧，后来，还分别成了亚光和国光的厂址。1958年以后，这些工厂宿舍才基本建成，号称“十街坊”（街坊即宿舍区，列入街坊的其实只有7个宿舍区）。这些工厂宿舍区一分为二，一南一北，分布在建设路的两边。这些宿舍都是苏式的红砖红瓦三层楼。当时要改苏联的图纸很难，它的单元式套房按照原来的设计本来是一家人住的，实际却住进了几家人。随之而来的，是生活上的拥挤和不便。有很长的一段时间，在建设路的街两边，除了有几大片宿舍区的苏式楼房外，街北有一家新华书店、一家电影院（沙河电影院）；街南（现华联商厦处）是成都市贸易公司下属的一幢综合性的服务大楼，还有一家邮政局。

其余地段不是田野，就是荒草丛生的坟冢，或者是农家的林盘院落。猛圣路在最初的几年，并没有安装路灯，要是月黑天一个人下夜班走夜路，还是挺吓人的。

府河以东的整个东山，土壤几乎都是黄泥，遇水又黏又滑，干燥时则硬如钢铁，正如当地人所说的“天晴一把刀，下雨一包糟”。当时的猛圣路，宽只十几米，由于它是在最初修的老路旁另外加修的新路，整个路面一边高一边低，路面没有硬化，只铺了一层炭渣儿。一下雨，路面就成了一摊黏滑的烂泥，上班赶路的工人必须穿水靴。没有水靴的，就只好打赤脚，到了工厂门口先把糊满

▲ 建设路上的书摊　1980年代初期　刘开诚摄

脚的黄泥冲洗干净，再进厂。人们真是苦不堪言，称这里为烂泥湾。后来，成都市将猛圣路拓宽了一倍，将炭渣路面铺上混凝土，路两边安了路灯，栽了悬铃木（法国梧桐），但路面只是双车道。到了1965年又再扩宽了一些，并更名为建设路。从此，这里才有了一条叫得响的、跟东郊工业区的地位匹配的街道。此时，在建设路两边宿舍区苏式楼房临街的墙角下，以及二环路以东几家军工大厂的围墙下，均栽了一排夹竹桃。这些夹竹桃长势蓬勃，一直蹿到苏式宿舍楼二楼的窗口，并年年开出一串串红红白白的鲜艳花朵。直到20世纪80年代，人们才知道夹竹桃的花儿有毒，于是，各个信箱厂在新建职工住宅楼时，就把它更换了。

到了21世纪，随着城市向东发展战略的实施，2001年至2006年实施的“东调”（成都东郊工业区结构调整），实行“退二进三”“腾笼换鸟”，成都东郊这个老工业基地发生了翻天覆地的变化。除了因故暂时未搬迁的784厂之外，成都东郊的工业集群化整为零，纷纷退出二环路的原有区域，搬进了周边区县的工业开发区。钢铁、化工业放在青白江，机械业放在新都，IT和制药业放在高新西区，电子业、汽车制造业放在龙泉驿。符合都市工业发展要求的“东调”企业则留在区内的龙潭工业区继续发展。但是这些工厂的宿舍区，除了784厂的八街坊（107信箱宿舍区东苑）、红光一区的部分住户拆迁之外，其余工厂的宿舍区基本上还是原封不动地留在了原地。沙河两岸的客家人被席卷而来的城市化的浪潮彻底融合，传统的农耕文明被现代文明彻底取代。这里变成了市区的一部分，高楼大厦，街道纵横，车水马龙，一片片昔日工业文明的土地正在逐渐变身为一个个居住、商贸、金融和创业园区。

2009年12月24日，人们在这一天为新建设路举行了盛大的开街仪式，建设路就此华丽转身，变成了成都市区的六大商圈之一。

建设路片区的街道名称

老实说，建设路片区的街道名称既不古香古色、包含迷人的历史典故，也不时髦亮丽，甚至可以这么说，建设路片区的街道名称是非常单调的。“中央大道”自然是建设路，它的历史最为“悠久”，也不过才六十多年。当年，建设路（1965年以前叫猛圣路）两边，排列着号称十街坊的七个街坊，除了沙河以东的建设路1号、2号相继变成厂房，除了邮政局，银行，贸易公司开的书店、商店、餐馆，就是广阔的田野、坟冢、农家的林盘院落。从1956年到改革开放以前，二十多年间基本上一直都是如此。

成都东郊的剧变是从20世纪70年代末开始的。此时，中国进入改革开放的新时期，成都东郊工业集群凭借自身厚重的实力迎来了高速发展的春天。最直观的变化，就是新厂房和新住宅楼犹如雨后春笋般拔地而起，国营的、地方的、大集体的等不同所有制下属的建筑，陆陆续续将沙河两岸的耕地填满，最终形成了成都东郊工业区纵横16.4平方公里、有着数十万人口的规模。从当年的一张航拍照片上可以清楚地看到，从西北方向蜿蜒流来的沙河是整个工业区的分界线，府河以东至沙河以西是远近闻名的成都东郊生活区，层层叠叠的灰色或土红色的苏式楼房和新修的灰色单元宿舍楼新旧混杂，挨挨挤挤。其中最亮丽、最惹眼的建筑在107信箱宿舍一区的背后，那是电子科大巍峨壮丽的教学主楼。沙河以东，是成都东郊工业区的生产厂区，

▼ 东郊航拍　1980年代初期　成华区政协供图

有一条市区的主干道（二环路）纵贯南北，不管是电子部、航天部、航空工业部、兵器工业部、石油部、国家科委所属的国防工厂、科研单位，还是省属、市属、区属的企业，所有的厂房、车间、库房、办公大楼、烟囱等都井然有序地摆在二环路的东西两边。各种工业符号的建筑物连绵不断，还有郁郁葱葱的行道树、厂区里的绿化树，从南到北不断地铺展，与金黄的油菜花海和翡翠般的麦田相连，那种宏伟壮丽的气势让人血脉贲张。

之后，原先建筑物之间的人行便道逐步扩展成了街道。街道形成了，迫切需要有个名称。当初为新街道取名字的人，怎么都绕不开“建设”二字。比如：在成电（今电子科大沙河校区）南苑，与之比邻的是6号信箱国光第一宿舍区九街坊。过去，九街坊与南苑之间有一条起自一环路东一段不通车的步行小巷，如今这条小巷已经扩展成了街道，取名建设中路。与这条街相连的是建设巷的北巷口，这里是国光的第二宿舍区十街坊，十街坊的围墙与107信箱八街坊的围墙之间，有一条三四米宽的小巷，这条小巷一直通到沙河边。当年，69信箱的工人们喜欢抄这条近道去二环路边上的工厂上班。令人费解的是，左边是建设中路，经过一个十字路口，这条路却变成了巷，叫建设支巷。

20世纪六七十年代，在107信箱第一宿舍区八街坊与沙河电影院旁边的新华书店之间，有一条可以通行一辆卡车的小巷，名叫建设巷。如今，建设巷早已不是一条小巷子，而是一条商铺林立的繁华大街。建设巷大街两边的商铺各有特色，店招和门面一家比一家惹眼。华灯初上是建设巷最辉煌、最喧嚣的时候。霓虹灯闪闪烁烁，人流熙熙攘攘，亮着车灯的轿车来来往往。食品店前，排着一列列的长队，空气中食物的香味四溢，混合着吃货的喧哗和欢笑。这是一条吃货的繁华大街，但是它的名称依然叫建设巷。

在建设中路和建设支巷以北，隔着早先的成电南苑（今太阳公元、甲壳特区），这里有一条街正好处在电子科大沙河校区的南大门口，这条起自一环路东一段的街名叫建设北路二段。从一环路东一段路口一直往西，与府河红星桥（原一号桥）连接，这条街名叫建设北路一段。这条路穿越沙河上的踏水桥，穿越二环路东二段，一直往东，早先名叫厂北路，现在定名建设北路三段。

在建设路南边，与建设路平行的第一条街名叫培华路。培华路起自一环路东二段，建设南新路以西叫培华西路，以东叫培华东路。培华西路的位置在建设路南侧二街坊（82信箱第二宿舍区）和四街坊（107信箱宿舍区南苑）的背后，这是一条美丽整洁的小街，是成华人引以为荣的校园文化一条街。此街长不过五百米，却分布着三座校园，街北是培华小学（前82信箱子弟校）和锦电幼儿园（107信箱锦江电机厂幼儿园）比邻，街南是成都市石室中学初中部（原名三十中）。这条小街，所有临街的宿舍楼都重新进行了统一的外墙装饰，贴上了棕红色与白色相间的外墙砖；暴露在街面上的空调外机全部罩上了雪白的罩子。三所学校呈现在街面上的建筑和围墙都是富于个性

▼ 培华西路是校园文化一条街　常德摄

化的色彩和装饰，比如：培华小学是凝重雅致、昭示校园文化的别致围墙，石室初中学校是以汉阙造型的古朴的校门，锦电幼儿园是童心勃勃、色彩艳丽的园门。街两边的行道树是枝干婀娜、四季常青的女贞树。这一切，不仅让这条小街显得整洁美丽，而且还使它弥漫着浓郁的文化氛围。

在建设路南边，与建设路平行的第二条街分成三段，一环路东二段至建设南新路名叫建设南一路，建设南新路至沙河大桥名叫建设南二路，沙河大桥至二环路东二段名叫建设南三路。二环路东二段以东叫建设南路。穿过SM广场（原82信箱工厂区的围墙外）路口，就进入了建设南路，可以一直走到东郊记忆（原红光电子管厂）的大门口。这条路当年连接的工厂，有红光电子管厂、宏明无线电器材总厂、光明器材厂，以及一个市属国营企业耐火材料厂。以前，建设南路每天有几万人上下班。

与建设路垂直，与一环路东一段平行，起自高地（原红光电子管厂宿舍一区），终至新华公园后门的这条街，名叫建设南新路。在沙河边与此路平行，起自建设桥头的红叶处，终至建设南二路的这条街，名叫建设南街。在这条街上，是建设路街道办事处以及培华社区办公楼所在地，也是大名鼎鼎的成都市第六人民医院（原工人医院）所在地。

军工基地的强国梦

秘密基地选址往事

成都东山的变化，始于1953年7月。成都东山的人们做梦都不会想到，这年发生的两件大事会彻底改变当地历史。

其一，这年元旦，《人民日报》以《迎接一九五三年的伟大任务》发表了元旦社论。新中国度过了开国头三年的国民经济恢复时期，医治了满目疮痍的战争创伤，迈进了第四个年头。社论说："在过去三年多的短短时间中，我国人民在毛泽东同志和中国共产党的英明领导之下，在苏联的大力支援之下，曾经解决了过去千百年所不能解决的问题，使我们的祖国从悲惨的黑暗地狱中顿然走到了充满阳光和希望的人间世界。"社论首次向世界宣布：中国经济恢复时期已经结束，1953年将开始执行国家建设的第一个五年计划。社论强调："工业化——这是我国人民百年来梦寐以求的理想，这是我国人民不再受帝国主义欺侮不再过穷困生活的基本保证，因此这是全国人民的最高利益。全国人民必须同心同德，为这个最高利益而积极奋斗。"[①]社论表达了中国人民追求强国梦的共同心声。

其二，国家把成都确定为电子工业的三大基地之一。这年，苏联援助中国最初的141项重点工程，经过周恩来总理同斯大林以及继任的赫鲁晓夫谈判，增加到了156项。这追加的15项多数都是电子工业

① 转引自《人民日报》1953年元旦社论。

项目。作为当时国家电子工业主管部门的二机部，经过慎重考虑，决定把成都确定为全国重点建设的三个电子工业基地之一，马上要在成都筹建4个新厂。这些新厂都属于苏联援建的156项重点工程。10局（军工局）紧急组建了成都基地的筹备小组，这是4个新厂联合的筹备组，总共7个人，除了组长张正文是部队的团长刚刚转业、不到40岁外，其余6个人都是刚从大学毕业的二十来岁的年轻人。秘密军工基地的选址任务就落到了这7个人的头上。

在召见这7个人时，10局局长蒋崇璟神情庄重，说："这个项目非常重要，是党中央亲自抓的项目，部里决定，派你们7个人去四川成都帮助筹建。"蒋局长最后强调，根据苏联方面的要求，筹备组必须在1953年的11月完成工厂选址的所有文件资料，这是底线，不得延误。任务很艰巨，但也很光荣。

天哪！在4个月之内，不仅必须完成工厂的选址以及所有的文件资料，而且还必须准确地翻译成俄文。完成这一整套程序的并非专家团队，而是他们7个外行。筹备组的7个人深感责任重大，恨不能早一天赶到成都。当时的交通很不方便，宝（鸡）成（都）铁路还未通车，如果从北京乘火车到宝鸡，再改乘汽车到成都的话，至少要10天时间。如果乘飞机到武汉，再于武汉转乘轮船溯流而上到重庆，因滩多流急不能夜航，也要耗时7天。成渝铁路刚刚通车，火车从重庆到成都，也要15个小时。时间紧迫，部里就给他们买了飞重庆的飞机票，机型是最高时速256公里的安-2飞机，而且中途还必须在郑州机场降落加油。

1953年7月的某天，7个人所乘的飞机一早就从北京起飞，每个人都被颠簸的飞机弄得呕吐，到重庆时天都黑了。一行7人在10局下属的重庆716厂住了一宿。第二天一大早上了火车，当晚就赶到了成都。

筹备组做的工作牵涉国防建设和国家机密，上级强调一定要注意保密，一定要减少通信，工厂地址绝不能告诉外人，信封上的通信地址只能写某某信箱。他们一到成都，很快就申请注册了叫“82”的邮政信箱。

根据苏联方面的要求，首先要为4个工厂选一个恰当的地址。需要考虑的因素涉及方方面面：未来工厂的物资、原料的供应情况，运输情况；当地全年的气象情况，有多少个晴天，多少个阴天，风量有多大，是东南风还是西北风；地质水文情况，泥层结构，交通情况，等等。苏联方面并不了解我国成都这边的情况，就提出书面要求，要尽可能详细的情况。筹备组按苏联方的要求，跑了很多路，搜集了很多资料。选址前牵涉好多个相关部门，他们都一家家地去跑。

选择厂址最为关键，有了厂址才可能开展接下来的工作。因为年初《人民日报》元旦社论发出的战斗号召，当时从上到下，各方面都非常支持配合，要哪块地就给哪块。成都市有关部门提供了东郊、南郊、西郊三个不同的方向供筹备组选择。他们都去踏勘过，最后选中了东郊沙河两岸。4个厂的选址都在圣灯寺周边的东山余脉地带，其中的国营715厂索性就建在圣灯寺的近旁。圣灯寺无形之中成了成都东郊的地标，被称为建设路的原点。

选中此地的理由是：其一，东郊地势比较高，不会受到洪水的影响；其二，成都市一年四季，最爱刮东北风，每年刮东北风的时间要占70%以上；其三，选中的厂址都在横跨沙河的踏水桥以东，大部分都是浅坡状的坟地和林地，其初衷是尽量少占出产稻谷的良田，再者，浅坡地比起水田，肯定更适合做厂房的基础。筹备组还在初选的厂址上钻了四口地质勘探井，摸清了地质水文情况。沉睡了亿万年的这片土地，破天荒地响起了马达的轰鸣声。

当时的计划是把工厂建在沙河以东的浅坡上，把宿舍区摆在沙河以西的田野。之所以这样考虑，是想发挥沙河对于小气候的调节作用，并非利用沙河来取水或排污。按照当时成都市有关部门的说法，将来要建污水处理厂，沙河只能用来泄洪排雨水，工厂产生的废水应通过专门的排污管进入污水处理厂。苏联方面按我方的要求，4个厂都是将雨水管和污水管分开设计的，污水都进入了城市的污水管道。但令人遗憾的是，沙河后来还是变成了排污河。

▲ 荡舟沙河三洞桥　1956年　吕名正摄

筹备组的办公室最初就临时设在总府街招待所，后来搬到蜀华街一家饭店的客房里，以后4个厂分设了筹备组，715和719就搬了出来，另买了地方作为办公室。到了第三年，就分成了三个筹备组，即：715厂筹备组，784厂筹备组，719厂筹备组。整个筹备组最初的7个人，有4个都留在了715。788厂因为技术落后，已经停办了，就未设筹备组。最初筹建的788厂，主要产品是为雷达配套的军用高照度探照灯，探照高度计划斜射1万米，直射9000千米，而此时美国军用飞机的飞行高度早已超越了2万米，并且是照射光难以发现的黑色飞机。如此探照高度，不仅捕捉不到可能入侵的敌机，反而会暴露自己，故788厂被迫下马。后来，以788厂的原筹建班子，在788厂的原址上建起了773厂。

筹备组把所有搜集到的资料按要求整理好，并翻译成俄文，通过北京二机部10局邮寄到苏联。但苏联方面并不放心，又专门组织了一个搞设计的团队飞到成都，到现场考察核对。

苏联需要的材料分三次送达。最早的一批材料是在1953年的年底以前送出去的，苏联在1954年底送来初步设计之后，筹备组又给了他们一批资料。到了1955年，它的技术设计就到了，又让这边补充了一批资料，主要是原材料的供应和一些机械加工的能力问题，并且提出还要就以上问题进行设计，被我方婉言谢绝。按照原协议，工厂开工以后，苏方将为我方提供最初几个月的原料，经过中方的努力，到开工的时候，工厂都有了原料，国产化达到了30%，并且都做了试验。开工一年后，原料国产化已达60%。三年以后，已达80%以上了。

筹备组成员还曾经突击学了二十几天俄语，掌握了一百个生字，查查字典，也就能勉强对付一下苏联来的初步设计、技术计划之类的资料，能看懂，但口语不行，只能进行简单的对话。这边形成的材料，由专门的翻译译成俄文后，再由筹备组做技术校对。

1955年3月，几位苏联专家到东郊来实地踏勘考察，就各个工厂设计方面所需要的资料进行核对，包括工厂选点的地质结构、地震断裂带的问题。1956年又来了十几个人。到了1957年开工前夕，来了几十个管生产的专家。

工厂的厂房在1955年开始奠基，到1956年上半年，厂房就基本上建完了。1957年的上半年，设备陆续到达工厂。1957年底，有部分生产车间就已经开工了。苏联当时给成都厂的是成套设备，包括开工生产前三个月所需的原材料也发过来了。

布局东郊的意外收获

成都东郊所创造的光荣与梦想、为国防建设和航天事业所做的贡献，让老东郊刻骨铭心，挥之不去。

从1958年至1980年的二十多年间，在计划经济的格局下，成都东郊形成了全国最大的电子元器件的基地。东郊这边属于电子部基础局管的有776厂（国光电子管厂、6信箱），715厂（宏明无线电器材总厂、82信箱），745厂（成都东方电子材料总厂、253信箱，现名虹波实业股份有限公司），970厂（亚光电工厂、7信箱），766厂（前锋无线电仪器厂、40信箱），906厂（成都电机厂、68信箱），773厂（红光电子管厂、106信箱），还包括专门生产基础局所需机器设备的708厂（南光机器厂、109信箱）。成都东郊的784厂（锦江电机厂、107信箱）、绵阳的长虹，则属于雷达局管。红光厂是全国最大的电子束管基地，国光厂是全国最大的发射管基地，虹波厂是全国最大的军用钨钼丝基地，宏明厂是全国最大的电子元件基地。这几个厂有配套的关系，虹波厂生产的钨钼丝供红光厂使用，红光厂、国光厂和亚光厂生产的电子器件，还有宏明厂生产的电子元件，除了供784厂使用以外，还供外地的相关厂使用。

红光厂另一大类是生产军品，比如示波器用的示波管、摄像管、夜间摄像管、图像倍增管、雷达指示管等。

当年对东郊工业的布局，是以准备打仗为出发点的，具有历史的局限性。但也有一个意外的收获，这就是大大改变了我国的工业布局。四川的机械制造、皮革、化工等工业，一机部的刃具厂、轴承厂、机床厂等，还有新兴电子工业的一大批企业、几个研究所，过去没有的，现在都有了。还有成都电讯工程学院成了培养电子工业人才的基地，这就改变了我国人才结构的布局，使大量的四川人、云南人、贵州人有了被培养为高精尖科技人才的机会。到了今天，尽管东郊的好些工厂不存在了，但是，他们当年在我们国家最需要的时候发挥了作用，解决了国家的急需。

▶ 红光厂全国第一条显像管生产线　成华区政协供图

中国电子工业基地巍然屹立

成都东郊这个工业文明的处女地，经过“一五”建设的辛勤耕耘，正在发生天翻地覆的变化，其电子工业基地的地位日益凸显。以电子工业项目为核心，以机械、机电、航空等各个领域的工业企业为辅的东郊工业区，带着鲜明的时代精神发展壮大，从此在祖国的大西南巍然屹立。

▲ 一街坊的苏式建筑　常德摄

1958年，成都东郊有几个重点电子工业项目建成投产或者上马。

1958年3月，春光明媚，桃红李白。历经四年多的艰苦奋战，715厂（西南无线电器材厂，后更名为宏明无线电器材总厂、82信箱）终于正式建成投产。建厂过程中的人才培训，715厂做了很大努力。省市调来的许多地方干部，被送到各个兄弟厂去实习，还派了三批人员去苏联学习：第一批有10人，是夏明文厂长等中层以上的管理干部；第二批有十多人，主要是技术骨干；第三批有20人，主要是车间的工长。工厂先后从苏联引进加工机械、仪器、仪表等设备共509项、3600多台（套），还引进了苏联的技术资料和电子元件样品，建成了集电阻器、电位器、电容器等阻容元件8大类36个代表型号，年产量3700万支的生产线。以尼·达·高尔波夫为组长的40多位苏联专家来到工厂，从基建、安装设备、试生产到正式开工投产，一直进行技术和管理方面的指导。建厂初期的715厂，职工人数最多时有6000人。工厂是以研发、生产新型电子元器件为主的大型综合性电子企业，也是我国第一批新兴电子工业骨干企业。

1958年6月18日，719厂（成都无线电厂，后更名为新兴仪器厂、69信箱）与715厂同一天，在715厂的坝子里联合举行开工投产典礼，当时国务院机械工业部派了人，四机部派了人，苏联也派了一个代表团来，当时四川最高军衔的贺炳炎上将也来了。

工厂于1954年4月开始筹建，1956年6月建成投产。工厂聘请以戈尔什果为组长的32名苏联专家到厂指导工作，从苏联引进908台（套）机械加工设备和仪器，并且还派出57名管理技术干部赴苏联对口企业进行培训和实习。该厂是生产复杂的无线电通信设备的专业厂，为飞机配套的导航通信系列产品，就是他们的主要生产方向。投产典礼这天，当时的四川省省长李大章，成都军区司令员贺炳炎，第一机械工业部副部长刘寅等，前来参加典礼。刘寅题词："祝贺同志们已经取得的成就，预祝同志们在尖端技术上取得更大成功。"当笑逐颜开的李大章拿起剪刀一剪，一条红绸带翩然飘落时，雷鸣般的掌声和锣鼓声响成一片。这次开工典礼，苏联方面专门派了一个7人代表团前来祝贺，团长正是苏联部长会议无线电电子技术委员会第一副主席符拉基米尔斯基·谢尔盖·米哈依洛维奇。

1958年12月，784厂（锦江电机厂、107信箱）正式投产。工厂从苏联引进机械加工设备和各种仪器1000余台，以及各个型号的雷达样机和全套技术资料，又从民主德国、捷克斯洛伐克、匈牙利、瑞士购进机器设备13台，总计花费外汇415万美元。工厂聘请格·阿·索特尼科夫等8名苏联专家到工厂工作。苏联为项目提供了主体工程设计图纸，以及研制测高雷达和地对空导弹配套产品的全套技术图纸资料，并先后派遣四批专家做现场技术指导。工厂三次选派领导干部和技术骨干58人赴苏联考察学习，并在国内老厂培训各类管理干部和技术人员1504人。

与此同时，有四个电子部下属的大型军工企业落户东郊。

1958年，圣灯寺马漕沟又诞生了一颗电子企业的新星773厂（当时暂名马槽沟一号，后更名为红光电子管厂、106信箱），它是我国最早建成的大型综合性电子束器件基地。773厂沿用原788厂的领导班子和厂址，从四川德阳迁到了这里，于1958年开始工厂的基建。

1958年，776厂（国光电子管厂、6信箱）在圣灯寺以西的沙河边开工剪彩。该厂是为雷达、尖端武器等配套生产电子产品的。它原本选址在德阳，本拟与德阳第二重型机器厂等一大片重型工业区连成一片，有关方面后来意识到它的特殊性，即在成都东郊进行重新选址。圣灯寺附近的建设路一号，原是部属293、294技工学校的校园，是专为东郊各厂培养技术工人的，全校教职员工和学生有2000多人，这时，部里决定利用两所学校的校址和技术力量，将其改造成776厂。一颗电子企业的新星，即将升起。

1958年6月，906厂（成都电机厂、68信箱）在东郊破土动工，这是“一五”期间确定兴建的工厂，是苏联援建的重点工程的追加项目之一，是我国最早建成的微特电机制造厂，是电子部唯一的为军事

▲ 红光电子管厂大门　成华区政协供图

电子装备配套的特种微电机工厂。苏联援建的专家肖霍夫、高洛沃夫等9人来到工厂，帮助设计，指导了包括安装、调试、试生产等过程。工厂还专门选派有关技术人员和管理人员去苏联进行学习和考察。1959年，工厂即开始试制生产DK-1A直流伺服电机、DRK-627交流伺服电机和S-369B直流发电机，为飞机罗盘伺服系统等配套。

1958年7月1日，766厂（成都通用无线电测量仪器厂，后更名为前锋无线电仪器厂、40信箱）在东郊府青路2号动工修建，在以后的年代里，厂门口修建了堪称成都第一座现代立交桥。766厂的办公大楼刚好在桥头屹立，从一号桥（红星桥）进入东郊，首先映入眼帘的，就是前锋厂，前锋人自诩该厂为“东郊的桥头堡”。该厂是我国首个自行设计建设的通用无线电测量仪器专业生产厂，是全国机电行业大型骨干企业，机电部第四区域电子计量站就建在该厂。

参与该厂筹建的职工全是由部里出面，从全国各地抽调来的，特别是重庆716和天津712这两个老厂调来的人多。那个年代，各地都在大上快上，建材奇缺，但东郊的土地上独独不缺黄泥，而这恰恰是烧砖烧瓦的最佳原料。不知最早是谁的创意，反正前锋人为了及时建厂，集体实践了一个最原始的笨办法——自已挖土烧砖。说干就干。他们在其实还是田野的既定厂区选了一片地势突兀的黄泥坡地，建起一座老式的砖窑，开始取土、和泥、制坯、晾坯，再点火烧窑。恰遇这年成都的冬天奇冷，天寒地冻，下起了难得一见的大雪，把成天加班加点制造砖瓦的前锋人冻得满手长冻疮。食堂是用稻草、木料、竹子、黄泥临时搭成的，用餐时只能蹲在地上，吃的也不过是开水泡饭之类，偶尔有咸菜下干锅盔就像加餐。砖瓦有了，胆子就壮了，他们

▲ 建设路排队等候买“参考消息” 刘开诚摄

仅用7天，就建好了1号厂房的主体工程。这是前锋的开拓者们值得自豪的第一座像模像样的建筑，它一直陪伴了前锋人很久。

还有一个厂，地处成都九眼桥附近，距离沙河两岸的成都东郊稍远，但它仍是部属重点企业之一，是成都这个电子工业基地的组成部分，这个厂的名字叫708厂（南光机器厂、109信箱）。

南光厂于1877年创建时称南光公司，至2005年的128年间，名称变更了15次。19世纪80年代，更名为有四川近代工业开端之誉的四川机器总局，造出了堪称当时世界上最先进的后膛枪，为云南、广西、川藏等边防省区提供过21.9万支洋枪。成都之有电灯，始于四川机器总局1904年安装的第一台发电机。20世纪40年代，以厂长钟林为首的中共地下党组织，秘密研制成功达到美式先进水平的火箭弹，又秘密将火箭弹全部资料带到华北解放区，并于1949年9月在北京近郊试演火箭炮发射成功，被苏联专家誉为“中国的喀秋莎”。

“一五”期间，名叫川西机械厂的南光被改造为电子部直属的708厂，1956年转产无线电专用设备。1965年以后，“南光”成了国内真空设备领域极具影响的著名品牌。

在三线建设期间，成都东郊这个电子工业的基地已经崭露头角，为我国的国防建设发挥着愈来愈重要的作用，此时，又有两个重量级的大型电子企业移师东郊组建，让东郊如虎添翼。这两个厂，一个是来自北京的电子管钨钼丝分厂，搬迁到成都东郊组建的745厂（成都东方电子材料总厂，后更名西南专用材料厂、现称成都虹波实业股份有限公司、253信箱），是全国最大的军用钨钼丝生产基地；另一个是来自南京的970厂（亚光电工厂、7信箱），是中国第一批研制生产微波半导体器件及电路的骨干企业。

到了1965年，成都东郊这片热土上已经布局了十大电子企业，成都东郊的实力以及对国防和航天工业的贡献让外界刮目相看。

成都东郊对三线建设的贡献

三线建设期间，成都东郊成为中国西部最大的电子工业生产和科研基地，这里所生产的军事电子产品从前期的仿制为主转变为自行设计研制为主。“备战备荒为人民”“好人好马上三线”是当时风靡全国的口号。东郊这些部属的企业，在艰苦奋斗完成自身生产任务的同时，还生了许多的“蛋”——接受部里的命令，包建了一系列的相关工厂，并且还派出得力的管理干部、科技人才、生产骨干支援所包建的企业，这是当时的时代特色。

在20世纪60年代中期，部里还直接点名，把东郊得力的领导干部抽去三线的基地担任要职。比如，国家决定在贵州的山沟里也要搞个电子工业基地，搞了个081指挥部；1965年，电子部就把715厂的夏明文厂长调去，任081指挥部指挥长。又比如719厂的厂长白锋，也是被部里调去支援三线建设，任贵州061基地（有几个军工厂的小三线）的指挥长。

715厂在三线建设期间更名为宏明无线电器材总厂，我国第一只温度系数（PTC）RZB型补偿用热敏电阻就是由该厂自行设计制造的。该厂还受命先后包建了下列工厂：贵州4325厂、广元893厂、广东793厂、吉林794厂、陕西795厂，还有比邻的成都耐火材料厂。

1964年，我国第一只批量生产的彩色显像管，来自773厂（红光电子管厂）。为了打破美、日、苏、德对彩电技术的垄断，该厂历经5年，终于生产出第一只有电子工业“原子弹”之称的彩色显像管。虽然当时一只21英寸的彩色显像管成本8万元，而售价只有2万元。1967年至1968年，773厂专门搞了个第二生产基地，初衷是773厂遭到敌军轰炸以后，仍然可以及时生产军品管。当时，不仅在三线建设电子工业集中地的广元、青川建了一座新光厂，而且还根据省上搞厂社结合的指示，又在四川仁寿县禄加镇，在大山沟的山洞里另建了一座工厂，代号4403厂，有2000多人。最初定名为773厂第二生产基地，后来独立了，叫庆光电工厂。那里非常偏僻，交通极为不便，条件非常艰苦。到20世纪80年代李铁锤任红光厂厂长之后，发展势头强劲，鉴于新光厂和庆光厂从老红光去的技术骨干力量和先进的设备，红光厂兼并了二厂，把它们搬到了新都的电子大道，经过“输血”扶持，两厂走出低谷，被国务院三线办树为三线搬迁单位的样板。

1965年9月，906厂（成都电机厂）步入批量生产阶段，保证了军事装备的配套，基本满足了国家为该厂制定的配套任务，成为四机部微电机生产的主导骨干企业。在“文化大革命”后期，采用稀土永磁材料，首次研制成功为飞机雷达无线伺服系统配套的无刷电机，领先国内。

766厂（前锋无线电仪器厂）的QF商标在三线建设时期开始名扬全国。最值得骄傲的是，我国于1970年4月24日发射的第一颗人造卫星“东方红一号”上就有该厂研制的卫星用测量仪器——微波网络自动测试系统，四机部军管会因此还给该厂发来了贺电。这项新技术完全是在高度的保密状态下研制的。

整个1965年，边建厂边生产的970厂（亚光电工厂），刚刚完成了部里下达的急需的军工任务。1966年，该厂又与兄弟厂一起，承担了贵州凯里873厂、甘肃天水871厂的包建任务，迁移到成都刚刚安定下来的一些管理和技术骨干，又匆匆告别了蓉城，奔赴大西南、大西北的崇山峻岭。

"文化大革命"中，784厂（锦江电机厂）在四川广元的深山沟里包建了0821基地，该基地包括6个厂，都是有关雷达制造的专业工厂，其领导和技术骨干，包括部分设备都是784厂支援的。

成都东郊的"东霸天"420厂（新都机械厂），在三线建设期间所发挥的作用巨大。首先是包建了陕西汉中地区012基地发动机厂的3个厂和2个专业化厂。以副厂长孙光远任组长的7人选点小组，先转道贵州011基地学习集训。新厂的建厂原则是贯彻中央确定的"靠山、分散、隐蔽"的六字方针，关键、要害、精密的要进洞，重要部分要镶、贴、嵌、埋，外露的要村落化、乡土化，力求厂房外形与民用建筑一样，隐蔽在村落之中。这年8月起，012选点小组耗时20多天，行程600公里，在汉中的勉县、略阳、宁强3个县跑了几十个地方，最后确定在山沟两边或山坳里的小平坝上建厂，具体布局是：发动机总厂建在勉县方家坝、大件厂建在艾叶口，冲压焊接厂建在七里沟，喷咀标准件厂建在李家沟。

420厂又根据部里的通知，抢在"战争爆发"之前，在陕西汉中地区迅速建设了一套航空发动机制造工厂。这套工厂，从规划、设计、基建、器材订货、设备搬迁，到调试、正式开工投产，全部由420厂承担。建了470厂（总装）、480厂（大件加工）、490厂（冲压焊接)、370厂(叶片毛坯)、380厂(叶片机械加工)、390厂(喷咀标准件)等6个工厂。

420厂在1967年又接到指示，包建了汉中的第一、第二两个航空工具厂，以及在汉中发动机叶片厂包建汉中热力学计量站。

到了1968年，中央要求“两个大搞”(大搞直升机，大搞运输机)，420厂根据指示，与430厂一起，共同包建汉中大型运输机发动机厂。两年后，420厂又被安排在勉县东营包建汉中锻铸厂，以解决为汉中大型运输机厂铸造配套问题。

自1966年11月至1970年，420厂支援汉中建厂人员总共900多人。

此外，420厂还大力支援贵州新厂的建设。为力争贵州在1969年国庆节前造出飞机，向毛主席献礼，该厂按照部里要求支援贵州新厂有关设备与人力的通知，完成了2000项工艺装备的制造任务，又派人参加贵州新厂的水、电安装工程突击队，与410厂合作为其制造的发动机试车平台也安装调试完毕。到了10月，又受命抽调340名技术骨干支援新厂。

以上，我不得已从《成发五十年》①一书中摘录了一些数字罗列出来，枯燥的数字反映的却是包建三线厂的艰辛，以及成都东郊工人阶级“召之即去，去之能战，战之能胜”的无私奉献。

当年，中央提出“大分散，小集中”和“依山傍水扎大营”的意见。在执行的过程中，地方就出现了过分强调“山、散、洞”原则的现象，造成建设地点都过于偏僻、过于分散的严重问题。工厂的布局

① 成都发动机(集团)有限公司内部资料。

被讥讽为“羊拉屎”“瓜蔓式”“村落式”。这种建设方式给后来的企业经营发展造成了严重的浪费和不便，导致企业的后续发展进入瓶颈。这些“山、散、洞”工厂完全违背了工业建设的客观规律。

20世纪80年代，面对计划经济向市场经济过渡的历史转折，国务院确定了“调整改造、发挥作用”的方针，有计划地进行以“脱险”为主的三线调整。许多有条件搬迁的三线企业得以走出大山，回归城市，而一些无力迁移的企业，则逐步走向荒废关闭。成都东郊当年这些支援三线建设的人员早就与原来的工厂脱离了关系，只有极少数有条件的人员才回归了成都东郊。

420厂大迁徙

面积达1082亩的420厂的老厂区，是成都市当年的地王，420厂的搬迁和土地拍卖备受各界关注。华润置地志在必得，于2005年12月以人民币21.4亿元将地王竞拍到手。

接着，华润置地把即将建设的住宅组团取名为二十四城，把为二十四城配套的大规模都市综合体取名为华润万象城。420厂气派端庄的厂区大门上方，本来矗立着金色的金属大字“国营新都机械厂”，这时被拿掉换成了“二十四城”几个金字。华润置地对名称的解释很有文化含量：“二十四”是一个包罗万象、充满想象的数字，一年的二十四个节气，一天的二十四个小时，蕴含着循循而生，生生不息之意。昔日的国防大厂420厂，今日的二十四城，饱含了华润对这一方土地文脉的尊重。

这时，有两句描写成都的古诗突然在媒体上走红：“二十四城芙蓉花，锦官自昔称繁华。”紧接着，华润置地请贾樟柯为二十四城拍摄的电影《二十四城记》问世，两句古诗的怀旧意境也正是贾樟柯为影片定下的基调。贾樟柯是中国当代著名的新锐导演，他采用纪录片+剧情片的方式，拍出了一部很另类的电影。这部电影的评价呈现两级分化的现象。但是贾樟柯的影响非比寻常，此片获得戛纳电影节金棕榈奖提名。

420厂的老厂区虽然已经变成了名叫二十四城的住宅组团，但是

420厂却从城市成功突围，迁到新都三河镇省级工业开发区，以老厂区的高地价换来了涅槃重生的机会，迁建使得企业实现脱胎换骨式的技术改造，迎来了第二次创业的辉煌，一举扭亏为盈，并且销售收入将以每年10亿元的增长速度上升。

现在，我们有必要来了解一下420厂了。

420厂（原国营新都机械厂，现称成都发动机集团有限公司）位于成都东郊水碾河、双桥子一带，是二机部第4局管辖的为歼击机生产发动机的专业厂。它是中央在川的特大型军工企业，在计划经济年代是所谓“正军级”的单位（东郊一般的大型军工企业都是正师级单位），有着1.3万职工和近20亿资产，光是厂区就有1275亩土地。420厂被老东郊戏称为“东霸天”。

▼ 420厂大门　成华区政协供图

420厂的建厂堪称一波三折。

过去，我国的航空工业比较薄弱。为了改变这一现状，我国政府于1955年11月就向苏联政府提出援建要求，并派代表赴莫斯科谈判，谈判协议于1956年4月7日由周恩来总理签字生效。苏联援建的这批项目共有14个，包括420厂和132厂（歼击机整机制造厂）。苏方提出，项目的初步设计和工艺部分由苏联在莫斯科完成后提交中国，其余的设计和图纸由中方承担。按照协议规定，420厂应于1956年上半年完成厂址的选定和勘察工作，所有项目于1959年年底或1960年内建成。

不料厂址的选择却颇费周折，从1955年8月开始，直至1956年5月，才最终敲定。大型国防工程要建在内地，以保证安全，这是国际形势的要求。于是，二机部第4局的选址小组来到四川省江油市，才得知此地早有一个占地面积很大的特殊钢厂，若飞机厂、发动机厂再建在这儿，将来的食品供应将会成大问题。之后，选址小组选定了绵阳市，岂料在勘测中发现此地有两大弊病：一是易受洪涝，若要回避的话，只能向山沟呈线状分布厂房；二是离铁路线太近，不利于保密。于是只好转移到德阳南郊再勘测，已经确定了厂址，启用了印章。1957年2月，工厂的基建已进行了半年之久时，二机部第4局根据党的"八大"会议精神，却电告工厂，命令该厂缓建。工厂只得紧缩筹备机构以待命。

1957年7月，因国家建委认为在德阳南郊更适宜建设重型机械工业区，一机部第4局下文，将420厂迁到成都东郊424厂（第二汽车厂）厂址。新厂址位于成都老东门牛市口附近，距城约两公里。

1957年11月，国家建委在复查了424厂的勘测资料后，批准了在成都东郊建设420厂的方案。1958年3月，420厂筹备组由德阳迁来成都东郊水碾河，并在新厂址上开始基建。

此时，轰轰烈烈的“大跃进”运动已经蓄势待发。1958年8月，一机部在部属企业领导会议上要求：航空工业“五年在生产上赶上英国，十年在技术上赶上英国”。一机部在当年9月的南昌会议上又发出通知：由沈阳111厂“成套支援”420厂。一俟会议结束，111厂党委书记崔光炜、厂长杨诚即绕道成都，到420厂筹备组了解情况。“成套支援”新厂迅即进入议事日程之中。紧接着，兴建420厂开工典礼大会召开，基本建设拉开序幕。

从1956年4月签订中苏协议，到1958年10月破土动工，420厂最终落地生根耗时两年零六个月。

沈阳111厂地处沈阳大东区三家子村，最初叫空军东北总厂第三厂，是1948年沈阳解放时我军接收的旧航空工厂，它的前身是北满飞机制造厂，它在解放前夕曾遭到严重破坏。中华人民共和国成立后，毛泽东主席说，航空工厂建不起来，他睡不好觉。新中国迫切需要建立航空工业局，就在一机部（重型机械工业部）里增设了航空工业局，对外代号称第4局，并由该部部长何长工兼任局长，航空工业局开始在沈阳办公，后来才搬到北京。到了1962年，第4局才改称三机部。当年，中央先后从全国调来一些地厅级以上的领导干部（他们有的是省委书记、副省长，该厂的科长都是厅局长一级），并调来大批技术人员和技术工人，要求这些人员在政治上十分可靠，同时还调来各种新式机床，使该厂迅速形成了修理喷气式发动机的能力。此前，朝鲜战场上被击伤的飞机只能送到苏联去修，111厂充实后，不仅满足了抗美援朝空军作战和训练的需要，而且自身也日益发展壮大。

111厂无形之中成了我国歼击机发动机工业的摇篮，1956年孕育了410厂，1958年又支援了531厂数百名工人，现在又承担了“成套支援”420厂建设的光荣任务。

既保证420厂的加速建成，又保留111厂成为试制工厂的基础；既考虑到今后的发展，又保证1959年两厂既定任务的完成——这是一机部第4局确定的支援原则。整个转移工作根据这一“成套支援”的原则，立刻高速运转起来。一是建立了420厂的领导班子。报经沈阳市委同意，420厂领导由党委书记崔光炜、厂长杨诚、总工程师柳毅等7人组成。二是确定了转移人员和机构的原则：111厂现有厂部及科室领导骨干，按2∶1的比例（420厂占2）输送；生产任务转到420厂的所有车间全部转移；生产车间完成下年111厂的准备工作后，大部分转移；可以取得410厂协作的车间，大部分转移；其余如锻造铸造车间等转移50%。三是成立转移指挥部、联络站、接待站，制订转移计划；派出有关人员先赶到成都，做生产准备、筹备食堂、准备接待后续转移的大部队等工作。按要求，111厂须向420厂输送各类职工3841人，各种大中型设备400多台。按照本来的要求，应该从1959年元月开始，分三批，在三个月内完成转移到位，但因成都这边的基建拖了进度，实际转移完毕的时间是在1959年年底。

1958年12月3日，搬迁工作正式启动，111厂在这一天召开了全厂职工大会，动员和号召广大职工积极报名，支援内地建设，奔赴成都建立新厂。一石激起千重浪。故土难离啊！好多人在沈阳土生土长，有土地、有房子、有老人，哪怕是家里的坛坛罐罐都是有感情的。对于在“伪满洲国”时期工业就相对发达的沈阳而言，远在大西南腹地、有数千公里之遥的成都，意味着遥远、落后、陌生、偏僻。到成都去，就意味着背井离乡，意味着牺牲，意味着告别父老乡亲，告别习以为常的安乐窝。大会小会地反复动员，妻子动员丈夫，儿女动员父母。工人们表示，为了支援祖国的大西南，愿意牺牲个人的一切。思想动员工作渗透到工厂的每一个角落、每一个家庭，做到了本人通、家庭通、亲友通。

此时的沈阳，早已是隆冬季节，天寒地冻，大雪漫天，但111厂却到处弥漫着热腾腾的景象。“到内地去！到大西南去！到祖国最需要的地方去！”“党叫干啥就干啥，党的需要就是我的需要！”滚烫的豪言壮语似乎要融化冰雪，冲击着111厂每一颗敏感的心灵。很快，一张张申请报告雪片般地飞向了转移指挥部。

一马当先的木工车间先声夺人，响亮地提出口号——“迁厂人人总动员，一个不掉走在前，转移生产一齐上，建设新厂做贡献！”坚决要求先动员、先转移、先投产。在动员大转移的过程中，一个个先进典型犹如雨后春笋般地相继涌现。

有位女同志，是名党员，她报名要到成都，可她丈夫不愿意，她就提出离婚。后来在组织的干预下，她丈夫依从了她，夫妻双双一起到了新厂。

五十九岁的老工人李秀智，当时已接近退休的年龄，他家里不仅养了很多猪，而且他在花园街刚盖了两间新房子。他对组织的动员报以热烈的回应。他激动地说："虽然快退休了，但是组织上既然看得起我，我就无条件服从，在有生之年为党为祖国多做贡献！"他很快处理了家产，坚决要求首批到达成都。其实，等他赶到成都时，他已年届六十，但他并不服老，也不退休，而是忘我地投入新厂的建厂劳动中，不分分内分外，不分昼夜，和年轻人一样干活。

木工李呈祥，面对即使儿子丢掉工作也死活不让走的父母，进行了动情晓理的说服工作，终于以柔克刚，按时离开了沈阳。

工人刘明亮，一见转移名单上有他的名字，不需别人开口，他第二天就把自己的住房处理了。他在将此事知会车间党支部时说："我不怕成都热，再热也没有我的心热。"并表示他随时可以打起背包出发。

动员转移的过程是一个人的情感与觉悟表露和升华的过程。那些先进人物们，面对自己含辛茹苦积累的房屋、家具，还有自己饲养的鸡、鸭、鹅、猪等家禽家畜，或馈赠亲友，或忍痛贱卖，只为了心无旁骛地奔赴陌生的成都新厂。这样的人，一共有三十多名，他们是李秀智、李呈祥、刘明亮、佟富臣、陈国清……恕不一一枚举。他们的名字值得成都东郊的史册永远铭记。

特别令人慨叹的是，一些来自111厂的老沈阳，从此跟留在故乡的父母高堂天各一方，因为两地关山阻隔，万里迢迢，加上在420厂上班工作很忙，以及经济拮据，在此后的几十年间，两地的亲人只能有短暂地几次相聚，直至风烛残年的父母撒手西去，有的人竟然没有机会再踏上故乡的土地，去送别亲人。

当年，那么多的人，那么多的设备，要安全地转移到数千公里以外的成都，任务确实非常艰巨。大队伍开拔的时间在即，却遇到宝成铁路大塌方，火车不通。时任搬迁总指挥部的总指挥李立德跑到北京，跟部里的人一起去找交通部。交通部的人说，我给你十条轮船，你们坐火车到大连，在大连上船，从海上走水路到上海；从上海再坐船，溯长江而上到重庆，之后再坐火车到成都。这条路线，光水路就有3500多公里，加上重庆到成都这一段路，总共将近4500公里。当时，总指挥部考虑得很周到，在大连、北京、上海、武汉、重庆都分别设立了转运站。当111厂转移的工人到达上海、武汉、重庆时，当地的党政干部都到码头上去迎接，让大家很受感动。当时，好些人没坐过船，更没见过海，轮船在海上遇到风浪，颠簸得很厉害，小孩大人都呕吐，吐得翻江倒海，好多人呕吐以后吃不下饭，一个个东倒西歪，无精打采。在沈阳坐镇指挥的李立德那天半夜接到电话，说船上乱套了，大家都不吃饭。他急了，下命令说，不管怎样都得吃饭，要保存体力，共产党员要带头吃饭。特别令人感动的是，有个才几个月大的婴儿，在船上得了重感冒，发高烧，没有挽救过来，他是他父母生的头一个娃。他的父母很年轻，两人忍着悲痛，含着泪，把他悄悄扔进了大海，眼睁睁地望着他沉入海里。为了祖国的国防建设，工人们当年付出了多么大的牺牲啊！他们在路上奔波了二十多天才到成都。

来到成都没房子住，只好将一家人拆散，男的住男职工单身楼，女的住女职工单身楼，夫妻分开住。当时大家还开玩笑说，这叫合并同类项。

除了乘船走的这1000多人，还有2000多人是坐的火车。当时宝成铁路时断时通。铁路局也很支持，搬迁总指挥部要专列，就给专列。从沈阳到成都，每天给两节客车车厢，李立德他们每天去沈阳火车站送转移的工人。

> 从东北沈阳到四川成都，横跨七个省市，陆路行程2889公里；水路航程3521.5公里，加上成渝段行程，共4422公里。祖国的建设者们披星戴月，从北国奔向西南，跨越大半国土，用一腔热血浇铸信仰，来到成都的东郊，从此为东郊工业的振兴奉献青春，奏出一首昂扬的壮歌。[①]

---

① 《激情岁月——成都东郊工业史话》，成华区政协文史学习委员会编印，准印证号：川新出（2019）064，第87页。

新中国第一所电子大学落地东郊

1955年5月，一个千载难逢的历史机遇再次降落到猛追湾以东的这片田野上。在周恩来总理的亲自部署下，将当时国内理工科实力最强的位于上海的交通大学电讯系、位于南京的南京工学院无线电系、位于广州的华南工学院电学系调出，在滚滚流淌的沙河与府青路之间，比邻成都东郊军事工业区，圈出660亩土地，开始筹建新中国第一所电子信息高等学府——成都电讯工程学院，人们亲切地简称之为成电。新中国的电讯梦就此起步。

正如成都东郊工业区地址的选定是反复权衡的结果一样，成电老校址的选定更是经历了反反复复的踏勘和考量。

中央只是决定将成电建在四川成都，但是具体放在哪儿，则需要进行选址。成都方面按照城市发展规划，从校舍占地面积、用电、用水、交通、排污等角度综合考虑，提出了四个校址方案供选择：

方案一：北门火车站通城内马路的东边，簸箕街的西边。

方案二：簸箕街的东边，府青公路以西，沙河以南，府河以北的区域。

方案三：青羊宫以西（送仙桥以西），成温公路以北，规划公路以南，财经学院以东。

方案四：乡农寺街后边，李家碾附近地区。该地区位于城西偏北地带的青西乡，距城约两公里。

最初选址小组认为方案二比较理想，该板块交通便利，离城又近，用水用电容易解决，东面和成都东郊工业区接近，福利设施可共同利用，缺点是府青路为火车站连接城区的货运干道，会对学院的环境造成一定的影响。此方案成都市委无意见，北京方面也同意。因建校时间紧迫，此方案在省委未正式批复同意的情况下就开始进行总体设计。岂料一个月之后，省委意见正式回复：经审查研究，省委不同意原定的所有方案，理由是该地产粮多，指定在市郊的丘陵地带及山区重新选址。

时间已经耗费了两个半月，此时离中央定的开学的日子已不满11个月，可是却连校址都没定下来。新组成的选址小组不辞辛苦，从1955年12月至1956年1月都在忙着实地踏勘，总共查看了成都市区和郊区的龙潭寺、回龙寺、红庙子、狮子山、乡农寺，南郊的航空学校，城内的南较场、大坟包，包括丘陵和山区的16处地点。但是，经过认真比较，所有人都认为，上述地点完全不能与原来的方案二相比。

其中最有说服力的是如下理由：如今已是1956年的1月，中央的命令是必须在当年9月开学。因为时间紧迫，未来学院的教学主楼设计图纸已定（套用的是苏联莫洛托夫动力学院教学主楼），房屋面积大（26.5万平方米），正面长223米，而作为丘陵地带的狮子山、大坟包等地，没有足以放置该大楼的平坦地形。如要削平山包进行施工，则施工土方量大，工期长，绝对赶不上开学的时间。其他地区或是地形狭小，难以拓展，或是地处偏僻，交通不便。选址小组因此反复报请国家建委、二机部，请及早定夺。1956年1月12

日，有二机部10局副局长王士光，有相关的苏联专家，有省、市委的相关负责同志参加的关于选址的专门会议，最后确定了成都电讯工程学院的校址。

1955年11月，时任政务院（即国务院）第二机械工业部第7局局长的吴立人被任命为成电的建校筹委会主任。国家明确要求，成电必须在1956年秋季按时招收新生开学。新学院将建立在一片田野上，完全是白手起家，筹备新学院的工作可谓千头万绪，但距离成电开学的时间已不足一年。最麻烦之处在于，相关的师生、设备、图书、物资分散在上海、南京、广州，必须将这些人员和物资安全地迁往几千里之外的成都，组建成新的学院。时间紧、任务重、困难多。但是，这些都难不倒老八路吴立人。

吴立人慨然走马上任。他先带队到交大、南工、华工三个学院深入调研，摸清了家底和相关教师、学生的思想状况，并进行了卓有成效的鼓动和宣传。1956年6月，学校筹委会从北京迁到成都办公。在此之前，身为三校相关领导的筹委会委员分散在三地，他只得孤身一人，经常往返奔波于京、沪、宁、穗之间。在与三个学院教师的不断交流中，吴立人逐渐形成了筹建成电的具体思路，他认为多重用懂教学的人参加建院，既可以提高工作效率少走弯路，又可以增加教师对新院的热爱。他搭建的筹备组的工作班子全都是懂教学的教师。无论是负责跟外交部沟通联系聘请苏联专家的，负责三校搬迁以及新院主楼建设、校舍配套等总务工作的，负责新院招生工作的，负责筹备新院教学计划和课程设置工作的，负责在上海采购新院仪器设备工作

◀ 吴立人　电子科大档案馆供图

的，负责筹建新院图书馆、购置图书的，还是负责新院主楼实验室电气线路的设计安装工作的，负责重庆转运站工作的，吴立人全都委托相关的教师负责到底。在吴立人人格魅力的感召下，这些负责教师宁愿放下自己的专业，任劳任怨，通力合作，使各项筹备工作都紧张有序地推进。

为了保证按时开学，学校的校舍建设也在紧锣密鼓地进行着。教学主楼是成电的标志性建筑，这是一幢苏联风格的大楼，楼体长223米、宽75米，实际建筑面积（地上部分）26323平方米。在当时，这主楼是亚洲单体建筑跨度最长的大楼，是成都体量最大的单体建筑。这幢大楼最初只是以红砖为本色的、外表稍嫌粗糙的楼房，整幢楼没有用钢筋，全是用砖块砌成的。它原本拟建七层，因担心成都地下水位高、地基不牢，最后只建了五层。

主楼的设计是非常讲究的，门廊设计了八个气派高大的拱门，不仅设计了地下室，而且还设计了防空洞。楼层内部有电焊球形灯、吊灯、广播信号设备、实验室电气设备、避雷网设备、消火栓、暖气管道等，可容纳90人、120人、150人、210人的所有大教室都必须做成斜坡，而且都要求装玻璃材质的活动黑板，等等。

眼看秋季开学时间迫近，1956年4月11日主楼正式开工。前几个月的施工既紧张忙碌，又井然有序，一切都按照建设进度计划在有条不紊地进行着，但是工程愈往前推进，原材料供应就愈紧张。别的不说，每天光是红砖就需要五万多块，最要命的是，这些红砖成都附近不能生产，必须得从内江等地的红砖厂运来。不仅每天的红砖需要量无法保证供应，就是交通运输也成了大问题。关键时刻，成都市政府有关领导同志取得了省政府有关领导同志的支持，当机立断，决定将成都及温江地区附近县城的古城墙拆除一部分，以厚重的城墙老砖暂时取代红砖。通知下达后的第四天，各地的城墙老砖陆续运到，为主楼工地解了燃眉之急。就是这些取自成都市和附近县城古城墙的不同朝代的古董老砖，叠砌成了教学主楼的底层，为成电教学主楼奠基的这些古董老砖无形中增添了新中国第一所电子大学的厚重。

1956年5月，上海的交通大学在隆重庆祝六十年校庆之后，包了一艘名叫“嘉兴号”的轮船，船上载着交通大学和南京工学院的教师及其家属、电讯系二、三、四年级正在求学的学生、仪器设备、图书，轮船乘风破浪，沿着长江溯流而上。轮船从上海出发，经过南京、武汉、宜昌，直抵水路目的地重庆朝天门码头。在重庆下船以后，接到成都这边的通知说，成都的房子还没盖好，你们别来。没办法，他们只好在一所中学住下，把桌子拼起来当床铺，住了一个多星期。之后，船上所有人员和物资换火车，终于在鞍马劳顿半个月之后顺利到达成都东郊。到成都以后，房子还是没有盖好，就只好借住784厂的宿舍。

1956年9月初，教学主楼轮廓初现，其雄伟壮观的面貌令人惊叹。9月15日，主楼两翼楼房基本完工，一、二层还实现了临时供电照明。但是，因为缺少材料和零件，门窗玻璃只装了一部分，卫生间还不能使用，楼梯也还没有装扶手。不仅如此，主楼中部的正厅、大楼梯间、门厅、科学会议厅还在继续施工。此时的教学主楼的景观不可谓不特殊，令人永世难忘：主楼两翼还矗立着鸟笼般的脚手架，主楼背后的大片水稻田刚刚收割过，一个个金黄色的稻草垛排列在宁静的田野中，犹如即将接受检阅的方阵。

临近开学的那几天秋雨绵绵，脚下的黄泥非常滑腻，一片泥泞。新入学的新生来自北京、上海、南京、广州，他们或乘船或乘车，甚至还有家境贫困的新生步行几百里路赶来的，学生们就像涓涓细流，从四面八方汇聚到沙河畔的成电。此时的成电分明就是个大工地，脚下随时踩的是沙土泥泞，耳朵里随时听到的是发电机和搅拌机的噪声。因为到处泥泞，在积水多的地方，甚至用迁坟的棺材板搭便桥，弄得胆小的女生都不敢过。此时的办学条件确实很艰苦，学生食堂是一个大草棚。厕所也是川西平原司空见惯的大草棚覆盖的大粪坑，大粪坑上用树条子和木板隔成蹲位。

9月17日这天，成电如期正式开学。这是一个下着小雨的早晨，3000名师生踏着泥泞，冒着雨走进教学主楼，学生们在教室里的混凝

▲ 从稻田望主楼西　1956年　陈艾摄

土地面上席地而坐，一人拿一块木板当课桌，上了第一堂课。这一堂课的意义特殊，这是新中国第一所电子专业大学的第一堂课，这里寄托着新中国的电讯梦。

成电从1955年5月开始谋划，1955年11月任命吴立人为建校筹委会主任（后改任院长），1956年1月在成都沙河边选定校址，1956年4月11日主楼破土动工，1956年9月17日正式开学行课。这一连串的时间节点让人惊叹，“成电速度”真是一大奇迹。正是有了吴立人等一批老成电人的呕心沥血的奋斗，有了他们的无私奉献，新中国的第一所电子大学才可能顺利诞生。

1960年，成电被中共中央列为全国重点高等学校，1961年被中共中央确定为七所国防工业院校之一，1978年被国务院列为全国重点高等学校，1997年进入国家“211工程”重点建设高校行列，2001

▲ 成电开学第一天　1956年　陈艾摄

年进入国家“985工程”重点建设大学行列。六十多年来，学校为国家输送了4万余名全日制研究生和11万多名全日制本专科生，成电学子遍布海内外。六十多年来，成电承担了数以万计的科研项目，为国家、地方经济建设和国防建设，为电子信息科学技术与产业的发展做出了突出的贡献，被誉为“民族电子工业摇篮”[①]。

成电与成都东郊这个国防工业区近在咫尺，东郊的各家大厂可谓近水楼台先得月。成电为东郊培养了大批工程技术人员，还与工厂联

① 《电子科技大学志》，成都：电子科技大学出版社，2016。

手搞科技项目的研究，学校的科研成果直接进入工厂用于生产。成电不仅为各个厂办大学提供了师资力量，而且还把工厂里有成就的科研人员请到学校去上课。可以这么说，成都东郊各家国防大厂的光荣与梦想与成电是紧密联系在一起的。

如今，可以告慰吴立人老院长的是，成电已经跻身亚洲一流大学。成电成了中国电子院校的排头兵，当代最具专业优势的重点大学。5000多亩土地，24个学院，3万多名学生，2000多名教师，11名两院院士，近百位国家级专家。正如校史剧《又见青春》所说：如今，信息技术已经成为社会发展的主要驱动力，成电可以为每一位学子提供一个人人可以出彩的平台和机会，他们可以成为精英和栋梁，也可以成为像刘盛纲等院士一样，用毕生的奋斗，成就一段最有价值的人生。

活跃在沙河畔的苏联专家

校园里的苏联专家

成电之所以在短短五年的时间里迅速在无线电领域探索出一条适合中国国情的高等教育办学模式，并于1960年10月被确定为全国重点院校，这与当年做出过贡献的苏联专家是分不开的。先后援助过成电的苏联专家有八位，他们在成电工作的时间有的近两年，有的仅几个月。

在成电的档案上，记载着这八位专家的名字，他们是：弗·尤·罗金斯基、依·弗·列别捷夫、包·依·布拉金、安·阿·日喀略夫、克·阿·沙波斯柯夫、依·弗·沃捷列夫斯基、阿·耶·哈雷宾、阿·阿·波列沃布拉仁斯基。

大体来说，这些苏联专家主要做了以下工作：

苏联专家协助成电教师共同制订了多个新专业的教学计划和多门新课程的教学大纲。他们带来了当时国际先进的专业理论知识，协助建立新系和新专业。到了1959年底，成电从最初的两个系两个专业增加为六个系十八个专业，其中有的专业在国内高校中属于最早建立，部分专业也走在国内大学的前列，在国际上也属尖端学科。

为了及时开展教学，苏联专家还提供课程设计样本、教学法文件以及毕业设计等参考资料。专家们在成电期间的一项经常性的工作，就是开设新课程并编写讲义，特别是一些新设专业课程的讲义。在成电期间，他们开设新课程或帮助基础薄弱课程开课有二十门左右，直接编写讲义达十多种，为成电初期教学留下了丰富的教学资料。

顾问罗金斯基初到成电就指出，一个工业大学的水平，首先要看实验室建得怎样。苏联专家帮助建设新实验室，对实验室的建设规划、仪器购置、实验项目的开展进行具体的指导。当然这里有个前提条件，为了促进成电实验室的快速发展，二机部对成电在教学仪器设备购置方面进行了巨大的投入。

这些苏联专家首先是一线教师，在为莘莘学子传授学业的同时，更是帮助学校培养师资力量，特别是填补一些在国内尚属新专业的师资空缺。专家们除了采用指导实验、上课、编写教材的方式之外，还采用个别指导、教学报告、科学讲座、专题答疑等多种形式，迅速培养了一批业务过硬的教学科研骨干。截至1959年8月，苏联专家为成电培养研究生十七名，进修教师四十八名。成电周边就是数家成都东郊的大型电子国有企业的技术骨干会到校进修，还有北大、清华、中科大、西安交大及相关研究所等全国几十位教师前来听课。

列别捷夫是1956年10月来的成电，当时他三十三岁，正是风华正茂的年纪。他夫人是莫斯科大学光学教授，当时也作为援华专家跟他一起来到成都，在四川大学当老师。成电青年教师刘盛纲一直做他的翻译，差不多有两年时间。

列别捷夫之所以来成电，据他自己说："因为成都电讯工程学院刚刚成立，什么都没有，我是代表苏联人民来帮助中国搞建设的，当然要到最需要的地方去。"

▼ 成电师生与苏联专家合影　电子科大档案馆供图

列别捷夫的影响较大，他留下了《超高频技术》《超高频电子工程》（上下册）、《超高频电子工程器件的测试》，这是一套书，都是他讲课的讲稿。他是莫斯科动力学院的，来中国的时候还是一名副教授。他刻苦精进，在成电一面给学生讲课，一面做博士论文，1958年回苏联以后还顺利通过了博士论文的答辩，后来被授予苏联的功勋科学家。他于2017年去世，享年九十三岁。

列别捷夫在成电讲课，除了成电的学生以外，清华、北大、复旦大学、同济大学、南京工学院、国防部第五研究院（今七机部）、西安交大等部门，都派了系主任一级的教师前来进修。这些进修生，有的听课一年、有的听课半年。当时国内的老师没有人能上微波这方面的课。他不光上课，还从苏联带来了相关的资料、图纸，包括毕业设计、课程设计的全套资料，关于磁控管的图纸带了好多套，还有一些相关设备的图纸也带了好多套。

列别捷夫不光是带了一套至今也被认为是经典的教材，奠定了中国微波专业的基础，还带了五箱紫铜的波导管，每箱有四米多长，用来做波导元件。其精度是九级光洁度，那时中国一根都拉不出来，如果没有波导管这个材料，就做不出波导元件，没有波导元件，微波实验室就建不起来。每套波导元件的售价是天价：一万块。

列别捷夫不仅带来了图纸，带来了仪器，而且还给成电订了六套英国产的波导元件，这些对成电原来的五系微波教研组的建设非常关键。

当时，成电建立了第五系微波研究室，把列别捷夫请来培养教师，带研究生。他为成电带出六名研究生，其中一名他认为不及格，退掉了，退回南京774厂。他培养出了两位院士，一位是成电的刘盛纲，一位是清华的周炳坤。成电的很多老师出差去苏联，经过莫斯科的时候都去他家看望他。据说他家很不宽裕，房子也不大，家里连彩电都没有。他把全部的精力都放在了学术上。

2006年成电五十周年校庆，八十二岁的列别捷夫作为嘉宾应邀来成电参加了庆典。走的时候，学校送了他一台彩电和一台随身听。

苏联专家在工厂

府河猛追湾东岸的田野上第一次出现苏联专家的身影，是在

▲ 苏联专家列别捷夫指导研究生　1958年　电子科大档案馆供图

1955年3月。他们乘着摆渡船，从猛追湾上岸，朝着沙河那边的圣灯寺走去。此时的这一带阡陌纵横，地势时起时伏，林盘院落星罗棋布，院落背后尽是荆蓁草莽的荒坟，显得凄凉。林盘的旁边是一片片的山地，其下是一块接一块的油菜田和小麦田。此时自然是没有一条大路可走的，专家们只能沿着田间小道，时而走田埂，时而过菜地，时而从林盘院落的背后绕过，最后再从架在沙河上的石拱桥——踏水桥上走过。

一走过石拱桥，他们就看到了远处古老的圣灯寺。放眼一望，眼前是东山余脉的浅坡地带，除了郁郁葱葱的山林，便是一片一片的坟地、开着油菜花的旱地，还有偶尔可见的闪光水塘。按照筹备组的选址方案，这四个大厂的厂址，分别被安排在圣灯寺周边的南北两方。一路上，苏联专家走走停停，时而与同伴交换意见，时而向中方陪同人员询问什么，还拿出中方提供的有关地形图纸进行现场核对。踏勘结果，他们对中方的选址表示满意。

就从这一天起，苏联专家踏上成都东郊这片热土就逐渐成了家常便饭。后来，府河上架起了一号桥（今红星桥）、二号桥（今新华

▲ 建设路大桥新貌　常德摄

桥），猛追湾至圣灯寺修起了一条名叫猛圣路（后改名建设路）的简易公路，一环路的东一段也修过来与猛圣路接口，苏联专家往来于建设路这边，渐渐变得方便起来。

猛追湾二号桥以西一公里多的玉沙路上有西南局的办公大楼，在它的对门专门修了一个接待苏联专家的招待所。招待所未挂牌，有部队站岗守卫，给人以军事重地的错觉。每天，西南局交际处都要开出几辆公共汽车接送苏联专家上下班。苏联专家是分级别待遇的，级别高的，像专家组长之类，就必须要坐小轿车，由各厂开出各自的小轿车接送。

苏联派到中国成都东郊来的专家，依照时间顺序和工程本身的进度情况，前期是搞建筑设计的专家，此后是负责施工、安装的专家，负责调试设备的专家，负责进行试生产和管理生产的专家。

苏联派到中国成都来的专家，是对口援助的，根据各厂在某一阶段的实际需要，有时人数会少一点，有时会多一点。以715厂为例，前后到过他们厂的专家有五十来位，有的还来过两次。也有女专家，但不多，比如784厂的无线电陶瓷的配方，有位女专家就很有研究，她是苏联那边工厂的实验室主任。另外还有两位女专家，一位是搞精密机械的，一位是搞管理的。苏联专家在715厂最长的待了一年多，一般只待几个月。

他们是一批批来的，有时是几位，有时是十多位，甚至几十位。比如负责设备安装的，三五个月完成任务以后就回去了。试生产时又来一批，完成任务又回去了。像715这个厂，在苏联是三个不同的厂，在东郊这儿组合成了一个厂。于是，苏联的这三个厂都要派技术人员来调试设备，进行试生产。715厂在1957年4月调试，这年四五月来的，是管调试的；七八月来的，是管生产的。正式开工生产时，苏联专家来得最多，有二十多位。

▲ 1958年苏联专家援建锦江电机厂（784厂）与中方专家合影　成华区政协供图

苏联专家大体上由五个方面的人员组成，在建厂阶段，来的都是负责建筑设计和负责施工、安装的专家；到了开工阶段，来的就是管理人员（相当于中国的生产调度、管生产计划一类的，是苏联厂的领导）和工程师、助理工程师一类的技术人员，以及在现场的生产线指挥的工长。从年龄上看，管理人员和工程师一般有四五十岁，工长一般都是三十多岁，也有二十多岁的年轻人。每天，由各个厂派车去招待所把各自的专家接来，下了班又把他们送回去。比如部里专门给715厂的书记和厂长配发的奔驰轿车，就是专门去接专家组长的。其他的专家就坐面包车。他们不是跟国内的职工同样在八点上班，而是等这边上班以后，再开车去接他们，来的时候差不多快九点了。

中午，就在每个工厂食堂招待客人的地方用餐，他们喜欢吃中餐，爱吃面条，爱尝不同的味道。

第一个五年计划的核心，是苏联援建的一批大型工业企业项目。苏联援建项目的完成，改变了中国工业倚重沿海的状态，使我国建立起较为完整的基础工业和国防工业体系的框架，对新中国的社会主义工业化所起的是奠基作用。

中国政府在极端困难的条件下，给予了苏联专家尽可能的优厚待遇。我国1953年已开始实行按“分”计算工资，国家主席、副主席4280分，一般技术员最高560分。据著名学者沈志华教授研究，就全国而言，按分值计算，苏联专家的平均工资约2243分，远远高于中国部长级平均分值。

当时，“1000分”换算成人民币（旧币）大约为140万元。据此计算，大部分专家的月薪为250万元—400万元。此外，还有各种招待费、交通费、文娱费、住宿费、医疗费、警卫费等补贴，算下来每月652万元，两倍于工资的平均值。很多苏联专家的实际工资都高于毛泽东主席，也高于梅兰芳等知名人物。

从南京迁到成都

在建设桥头以东与二环路之间，建设路南边是建设路1号，北边是建设路2号。2号是原本选址德阳、于1958年开工建设的776厂。1号是后起之秀、专门生产半导体元器件的970厂。970厂是三线建设时期第一家搬迁到成都东郊的大Ⅱ型军工企业。

1964年9月30日，国家四机部的一纸命令同时下达两地：地处成都东郊的776厂和地处南京的772厂。这是四机部自建部以来的第4742号命令，命令的标题很长，叫《关于将七七六厂半导体车间独立为西南半导体厂（九七〇厂）并将七七二厂半导体车间分别合并到九七〇厂和七四二厂的命令》。这个970厂，后来正式定名为亚光电工厂。这个命令的下达显然有着国际背景。当时，欧美和日本的半导体技术、信息技术发展很快，已经遥遥领先，而我国居然还没有一个半导体的专业工厂，这个即将诞生的970厂，就是国家建立的第一个半导体专业工厂。“多少事，从来急。天地转，光阴迫。”毛泽东诗词的意境对于新生的这家工厂倒是十分贴切。部里要求970厂必须以最快的速度完成筹建。当年11月6日，成都这边开始对970厂进行改建的筹备工作。远在数千里之外的南京772厂党委在赴成都做好现场勘察和制定搬迁方案之后，于11月中旬召开干部会，先是传达中央工作会议和国防工作会议精神，然后正式下达了四机部的上述命令。这个消息在该厂引起的震动不言而喻。请注意，上文提到的745厂的母厂北京电子管厂启动搬迁，也是在这年的11月中旬，由此可见，在这些工厂的改建搬迁的背后，是极为强大的国家意志。

需要搬迁的职工多数是江浙人，即便是外地职工，也在南京工作多年，或者安了家，或者有了意中人。在理智上，中央关于加强三线建设的重大抉择谁能不拥护？但在情感上，谁没有家庭牵挂？从美丽的六朝古都到遥远的成都，真的是故土难离啊！再加上传说成都供应紧张，粮食定量低，气候也不如南京好，因此造成搬迁职工的思想波动。

在宣传动员阶段，工厂的党团员起了很大的作用。772厂有位叫孙瑞业的工具科长，他找科里一位确定内迁的工人谈话，对方将他一军说："你去我就去。"他当即表态，如果组织需要，他坚决服从。后来厂里果然确定他举家内迁，他也愉快地兑现了自己的诺言。还有一位20世纪50年代初进厂的工段长，组织确定他举家搬迁，爱人白天在工厂表态同意，当晚回家又反悔。他耐心地做爱人的工作，晓之以理，动之以情。他次日带头报名内迁，引起了强烈反响。

最后确定：内迁职工183人，加上家属61人，总共244人。1964年11月25日，772厂支援三线建设的先遣小分队宣告成立。772厂只用半个月，就完成了落实四机部搬迁命令的组织发动工作，紧接着又只用了5天，就完成了工厂所有设备的拆卸、包装和发运的工作。从正式开始组织发动工作，到搬迁的职工和家属正式启程，前后只用了20多天的时间。

12月7日这天，南京下关码头出现了别样的送别场面，启程的职工肩扛随身行李，扶老携幼，排着长队，等待登船。长队的两边围着前来送行的工人和亲友，或握手、或拥抱、或低语、或洒泪，那种依依不舍的惜别之情，令人动容。在呜呜的汽笛声中，轮船缓缓驶离了码头，隔着滚滚东流的长江水，船上的职工们望着岸上使劲挥手。“再见了，南京！”一声声深情的呼唤，让每个人潸然泪下。

他们（指先遣小分队）来不及向亲人们告别，有的同志新婚没来得及照一张结婚照，有的同志在临别前一小时，为能在千里之外听到家乡的消息，急急忙忙赶到百货公司买了一台收音机，以解思乡之情。他们带着神圣使命出发了。他们是张克余、范霞英带着4个小孩，周平安携老母，同舒昌慈、骆国良、陈岚等一行13人，离开了工作多年的故乡、美丽的六朝古都南京。他们途经武汉、重庆，历时10天，不远千里，来到成都东郊，承担迎接大部队的生活、生产准备工作。

另外还有一组是郭光富、黄绍辉、谢永康、邱贤鑫四位同志，承担着押运设备的任务。路途辛劳不言而喻，闷人的货车车厢，吃、喝、拉、撒都成问题，历时半月，保证了生产设备如期到达。①

由南京搬迁到成都的183人，加上776厂的291人，组成了草创时期的970厂。先生产后生活，边建厂边生产——这既是厂领导的要求，也是工人师傅们的自觉行为。工人们大多住的是集体宿舍，条件最好的是两家人合住一套住房。长途跋涉，顾不得休整，一到达，就马上与国光六车间的一道开展工作。

这个厂没有宿舍、没有食堂、没有医疗设备，一切全靠国光厂支

① 舒昌慈：《创业者的足迹》，见《亚光风雨四十年》（内部资料）。

援，甚至各项规章制度都尚未完善，索性借鉴国光厂的规章制度。没有凳子就坐在箱子上，或干脆坐在地上办公；没有办公桌，就两人合用一张。厂长、书记率先垂范，外出开会、办事，不是乘公交车，就是搭兄弟厂的便车。

1965年9月，工厂终于筹建完成，验收剪彩的会议是免不了的。但是厂里苦于各方面条件太差，无力招待一顿饭。厂党委书记、老革命赵永年硬着头皮，居然想出了一记绝招：发通知八点开会，十一点结束。这就意味着不必负担来宾们用午餐，就连四机部高竣副部长带领的验收组也不例外。

四机部要求以最快的速度、最短的时间投入生产，以满足军队的急需。1965年，970厂接到部里发来的电报，必须尽快生产出为某型号配套的军工产品。工厂领导二话不说，组织突击，加班加点，克服重重困难，终于圆满完成了任务。就是在这种艰苦的条件下，1965年当年居然创下完成产值2122万元（1957年不变价），利润271.8万元，人均利润4162元的好业绩。

三年半之后，970厂又获得了一次壮大实力的机会。1969年4月1日，四机部军管会发出通知，撤销成都无线电工业学校建制，并与970厂合并，在该校的原址上对970厂进行改建和扩建。

在四处弥漫的灰尘中，大家挥动铁锤、钢钎或锄头，拆除教学楼、旧隔墙，平整地坪，汗流浃背……

在墙边地角机器无能为力的地方，用手工打磨水磨石地坪，男女老少排一排，或蹲或坐，手抓磨石，在水中使劲推动，哪怕腰酸腿痛手起泡。

当基建工程进入安装阶段的时候，人们又变成了管道工、钳工、吊装工、电工，打墙洞、抬钢管、弯管、割管、套丝口，加班加点不怕累。一心为的亚光早日建成投产。

通过全体亚光人的不懈努力，在沙河边的建设路1号，亚光电工厂的新厂房巍然屹立。

国营745厂诞生记

在三线建设的时代大背景下，成都东郊又迎来了第二次大发展的机遇。大量内迁的工业企业落户成都东郊，在大大提高成都市的工业门类和生产能力的同时，壮大了成都市的经济实力。

国营745厂就是在三线建设时期，于1965年2—3月从北京搬迁到成都东郊的，它当时是全国唯一一家生产电子管基础材料的钨钼丝工厂。

那么，何谓三线建设呢?

所谓三线建设，就是以准备打仗作为指导思想，进行的一次大规模国防、科技、工业和交通的基本设施建设，时间跨度从20世纪60年代中期到80年代初，整整跨越了三个五年计划的历史时期。三线建设动员之广、投入之多、规模之大、时间之长，堪称共和国建设史上生产力战略布局之最，其深远影响不言而喻。

所谓一、二、三线，是对我国地理区域进行人为划分后的概念。它根据战略地位的不同（遭受外敌侵袭的可能性），从我国大陆的国境线向内地收缩，在一定的地理区域划三道线形成的地区。所谓三线地区，包括中西部十三个省、自治区，有四川、贵州、云南、陕西、甘肃、宁夏、青海等西部省区，以及山西、河南、湖南、湖北、广东、广西等省区的后方地区。一线地区主要包括沿海和边疆的省区。二线是指介于一、三线之间的中间地带。此外，三线还有大小之分。

西南、西北俗称大三线，各省份靠近内地的腹地俗称小三线。尤其是大三线地区，青藏高原、云贵高原、贺兰山等成为其天然屏障，一旦爆发战争，就成了理想的战略后方。

自抗日战争沿海工业内迁以来，三线建设是中国经济史上又一次大规模的工业迁移过程。按照《三线建设——备战时期的西部开发》一文的作者陈东林的说法，四川的成都主要接收轻工业与电子工业，绵阳主要接收核工业与飞机工业，重庆则接受常规武器的制造业，包括核试验设备和潜艇制造业；贵州的贵阳主要接受光电工业，安顺主要接受飞机工业。

全国三线建设的重点在西南和西北，西南的重点在四川，西南地区三线建设的指挥中心也在四川。从1964年5月至1971年，从“一线”地区迁来四川的工厂企业共117家。而745厂就是三线建设迁来的一个大型军工企业。

1958年，原拟建在德阳的776厂（国光电子管厂）最终落户成都东郊。在原设计中，要组建一个生产钨钼丝的材料分厂，当年购进了部分机器设备，还曾经派人去北京电子管厂实习过，但在“三年困难时期”下马了，造成一些设备的锈蚀。在国家实施三线建设大战略的形势下，四机部决定把全国唯一生产电子管基础材料的钨钼丝分厂迁移到大西南的成都，组建一个新厂——国营745厂。

北京电子管厂坐落在北京九仙桥，是个有1万多人的大型军工厂。这个厂有个4分厂，有上千人，是专门制造电子管的基础材料钨钼丝的。4分厂的生产环境不好，因为生产钨钼丝的原料里有石墨，这东西特别黑，把设备和工作服弄得特别脏，工人一个个上班下来也跟挖煤工差不多。正当北京电子管厂准备给4分厂重新修建一个新厂房的时候，却被四机部叫停。部里决定，将钨钼丝分厂整体搬迁到成都，牵涉6个车间800多人，其中有一半是带家属的。

早在1963年下半年，那时国家的经济刚刚好转，生活也刚刚好一些，就有捕风捉影的消息说，4分厂要支援新厂，要搬到外地去。

“谣传”愈传愈真，领导也不制止，也不回避。1964年春节过后，有的领导开始正式回应职工的疑问了。当年11月的一天下午，4分厂召开全体职工大会，总厂政治部李主任做动员报告，他首先宣读了四机部要4分厂搬迁的正式文件，下达了搬迁的命令。工人们这才知道，工厂要支援三线建设，搬迁的地点在四川省成都市，新厂厂名叫“国营第七四五厂”。

那时候，车间支部书记天天组织大家唱新疆民歌风味的《毛主席的战士最听党的话》：“毛主席的战士最听党的话，哪里需要到哪里去，哪里艰苦哪安家。”一天到晚要唱好几遍。4分厂工人的家都在北京市区，那些年轻工人们都没出过远门，甚至连四川在哪儿都不知道。当时有几种心态。因为北京是千年古都，生活在北京的老百姓无形中就有一种特殊的优越感，所谓“天子脚下，七品官”，还信奉“男不出京门，女不出家门”的老传统。现在工厂一下子要搬迁到几千里外的四川，感觉就像天方夜谭。还有就是有顾虑，怕四川生活艰苦，怕过不惯，有的还怕夫妻长期分居。但是年轻工人的想法不一样，他们认为到哪儿都一样，党指向哪里就奔向哪里吧，不是说“毛主席的战士最听党的话”吗？没准儿出去还能见见世面呢！尽管如此，这些年轻工人还是感到故土难离。

为了保证顺利搬迁，分厂的党组织做了很多思想工作，当时的政治攻势很强大，天天开会，动员，表态，唱歌（唱《毛主席的战士最听党的话》），党团员带头。厂领导还背着搬迁工人去家访，征求家属还有什么要求，帮助解决实际困难。当时是一刀切，即使有困难，也是先去新厂再说。当时，有的职工家里确实有困难，去不了的。拉丝车间有个工人，他父亲九十多岁了，没人照顾，等到成都这边稳定下来，他也就回去了。还有的是因为出身不好，或者平时表现不好，组织上找些理由不让去的。还有几十个1955年从上海去援建北京电子管厂的老工人，又搬到成都来了，没干几年就退休了。还有一个典型的例子，厂里有一个钳工，老婆孩子都到成都来了，他死活不愿意来，一个人在北京漂了两三年，什么拉煤之类的苦活都干过，但最后还是到成都来了。

当时提出的口号是“边搬迁，边生产”，工人们不仅要尽量提前完成4分厂的成品任务，而且还要尽量储备半成品。于是需要抢在拆卸设备之前多拉半成品，那些日子，工人们天天加班加点地赶任务。1965年的春节临近，除碾压工序暂未拆卸外，其他工序都相继停了产，一台台设备被拆卸下来，装进一个个新木箱。那些天，车间外面的马路上摆放着许多统一规格的大木箱，都是崭新的。每个生产小组发两个这样的木箱，以方便工人们装工具模具和丝料后托运。

王世英是钨丝组300中丝的拉丝工人。在搬迁停产前，他所在的拉丝小组上了最后的一个中班。这时，其他小组早已停工不上班了，只有他们500、300机器上还有料，要拉完最后一个模子才能装箱。车间领导说：大木箱子给准备好了，你们生产完后，把工具模具捡好了，包括你们的工作服，什么都可以装在里头，一定要等模具晾凉了再包装。还说，你们明天下了中班休息一天，礼拜一到俱乐部集合，有具体事情要讲。这天，他们拉完最后一个模子时，已是晚上九点。去吃中班饭时，他们边吃边开玩笑说：今天才真正是“最后的晚餐”。饭后，又用了一个多小时，才把工具模具和半成品陆续整理完，装好箱子。洗完澡，按理说就该下班回家了，不知为什么，他们又返回车间转了一圈。在昏暗的灯光下，只见各种设备拆得七零八落，有的包装好了，有的还扔在地上，往日灯火通明忙忙碌碌的热闹景象不见了，偌大的车间安静极了，给人一种凄凉感。触景生情，他们心里油然生出一种说不清道不明的滋味，感到非常失落。

搬迁的日期确定之后，告别北京的日子一天一天逼近。虽然是在北京生、北京长的，但北京的名胜古迹他们平时都没时间去，大伙儿想去看看，留个最后的纪念。1965年2月27日，是他们终生难忘的日子。这天，分厂组织了八十多人去参观人民大会堂。他们看了代表们开大会的地方，看了举办国宴的宴会厅，还专门安排去看了四川厅。四川厅陈列的那个蜀绣“熊猫”，以及那些竹子做的工艺品，让他们对四川留下了深刻的印象。领导又专门安排在天安门前给大家照了合影，后来还组织他们到八达岭长城和颐和园去游览了一次。

模具车间最先踏上征途，那是1965年的2月3日（这天恰好是正月初二）。1965年3月12日，王世英在厂里办了手续，交了工作证。北京电子管厂是保密的军工单位，没有工作证谁也进不去。从此，他们就跟这个厂没有什么关系了。老厂派王世英等十二个人作为先遣队，他们坐了两天两夜的火车，提前一个礼拜先来成都东郊打前站，为后续的大队伍安排生活。

从北京来时，刚开始没地方住，即使带了家属，也先在集体宿舍住，以后再慢慢安排。起初他们全都住成都无线电工业学校的学生宿舍，该校后来改成970厂。原来学生睡的床垫的都是草垫子等，为了照顾北方人的习惯，现在统统把它撤掉，钉上了崭新的木板。后来，借了715厂、776厂、906厂等三个兄弟厂的四幢宿舍楼，带家属的职工才陆续搬出学生宿舍。北京人习惯烧煤，他们去整理借的宿舍楼，把原来烧柴的灶打了，改成烧蜂窝煤。这些宿舍楼，是五层楼的单元套房，苏联援建时建的房，有水冲式厕所。但不是一家分一套，而是只有一间，不管你几口人，先给一间房住着。王世英等单身汉仍然住无线电校的学生集体宿舍，上下铺，十几个人一个房间。吃饭在776厂（国光厂）的食堂。

他们逐渐克服了生活上的不习惯，比如：北京人是只吃花生油和大豆油的，现在改吃味儿挺大的菜油；逐步接受了麻辣味儿，到了后来，有的人吃辣椒甚至比本地人还厉害。

他们很快就融入了成都。

钨钼丝当时主要是电子管的配件材料，后发展到为灯泡，包括照明灯泡、汽车灯泡、特殊灯泡提供光源材料。生产钨钼丝有十几道工序。当时的军用和民用电子产品都使用电子管，745厂的产品就是为全国所有的电子管生产厂家配套。他们生产钨丝、钼丝、镍丝、杜美丝等四种产品。成都东郊的773厂、715厂、776厂等都要使用该厂生产的产品。

1968年，745厂受命生产钍钨丝，这是制造军用大功率电子管的基础材料。当时为发射我国第一颗人造卫星——“东方红一号”攻关，搞了个6895工程，东方红卫星需要大功率的电子管，该厂就专门为它生产钍钨丝。钍钨有放射性，工人们就靠着一副乳胶手套、一只口罩，一顶帽子等简单的防护用品；靠着每人每个月发的一斤白糖、三斤黄豆，以及配的猪肉——但不发到手上，由职工食堂做成红烧肉，需要到食堂去打，每月可以打五份——等食品，以一不怕苦，二不怕死的精神，为我国的东方红卫星发射无私奉献。

治理沙河建电厂

沙河是成都近郊的一条古老的河流，它由城西北府河（古称油子河）分出支流，经驷马桥，再折向东南。这座驷马桥，就是汉武帝时决意赴京都长安谋发展的一代汉赋大师司马相如在桥柱上题过豪言壮语“不乘高车驷马，不过汝下也”的那座古桥。沙河最后经五桂桥，在望江楼下游约五华里的河心村，又汇入东流的府河。府河自北向南穿城而过，沙河绕抱老成都近郊的城北城东，这两条河流犹如月相——府河如弦，沙河如弓。他们在天府之国的大地上滚滚滔滔地流淌了两千多年。

沙河是成都东山的母亲河，它灌溉着东山的农田，为成都东郊工业区的发展立下了汗马功劳。从20世纪50年代至21世纪初，沙河曾经经历过两次大的整治，这里单说第一次整治。沙河两岸，曾经是农耕文明的福地，1953年7月以后渐渐变成了一家家大型现代化工厂的落脚之处，用水的矛盾日益显露，尤其是20世纪50年代初正在建设成都热电厂，一旦并网发电，取水会严重不足。是啊，古老的沙河沿着自己曲曲弯弯的古老河道流淌，它原本只是天然河道，它承载不了工业文明的历史重任啊！改造沙河，把它扩建为东郊工业区的供水专渠，成为成都市人民委员会当年的抉择，由此，谱写了“十万大军治沙河”的壮丽篇章。

扩建工程分成三期完成，每年的枯水期实施一期。很快，由于部和水利工程技术人员组成的工程处成立了，承建闸坝等水利工程的公司也确定了。而工作量最大的则是河道土方的挖掘和搬运工程，决定由成都市东、西城区和华阳县辖区分别组织动员群众完成。

1955年2月26日，第一期工程宣告动工。本期工程，跳蹬河桥至成渝铁路桥之间的河段，需拓宽挖深，建麻石桥、杨家碾跌水，以及跳蹬河水闸。其目标是满足发电在即的成都热电厂的用水。当时，广大群众建设祖国的热情高涨，成都市民、机关干部、工厂的工人，一经组织动员，数千人便拥上工地，以锄挖肩挑的原始劳动来整治沙河，人数最多时曾一天达到1.3万人。整个扩建工程于1957年5月竣工，征用土地2599亩，拆迁房屋14486平方米，挖土方232.5万立方米，投资403.3万元。

沙河扩建工程，不仅保证了沿河兴建工厂的用水，而且也使农田

▲ 沙河　1958年　吕名正摄

灌溉面积增加到前所未有的5万亩。在沙河两岸，还陆续种植了数十万株各种树木，其中，有3.8万多株悬铃木（即法国梧桐），9万多株杨树和桤木。

我的手里有一张珍贵的黑白照片，摄于1958年。画面是一张不带人的空镜头，展现的是经过整治之后数月的沙河，取景的位置应该是站在建设桥头往北拍摄，雄壮的成电主楼和横跨沙河的踏水桥都出现在远景里，稍近的民房稀稀拉拉，都是川西民居穿斗式的结构。沙河给人的感觉水流比较急，两岸的河堤上种满了按间隔种植的树木，除了一人多高、长得蛮精神的悬铃木，还有其他小树。据《成都市志·园林志》载，自1955年至1966年的11年间，沙河两岸曾种植悬铃木和桤木等树种24.8万株。至1975年时，仅剩不到1／10的树木，并且树种单调，没有乔、灌、草的绿化结构搭配。

悬铃木这种树可以活到1000年。沙河两边经过时光淘洗留存的悬铃木长成了参天大树。一株株巍然矗立，粗壮雄伟，老干虬枝，生机勃勃，两人难以环抱，给人以强烈的震撼。沙河边的悬铃木是成都东郊工业文明和成电历史的见证者，也是其沧桑历史的象征。2016年是成电建校六十周年的纪念日，校方邀请四川人民艺术剧院的艺术家为成电写了一部校史话剧，名叫《又见青春》。剧作将成电六十年厚重的历史浓缩，精选了六十年间的十二个瞬间结构成篇，演出效果极其感人，常常叫人情不自禁热泪盈眶。在剧中，曾经两次使用了同一张悬铃木的照片作为天幕背景，几株粗壮挺拔的悬铃木呈半剪影状态，以近景的方式被推到观众的眼前，从枝叶的间隙中可以望见远处蛋青色的成电教学楼耸峙着。这张照片厚重大气，跟成电六十年的历史非常般配，弥漫着一种令人浮想联翩的厚重感、沧桑感。

1953年《人民日报》元旦社论的发表，使实现国家工业化、强国富民逐渐成为全国人民的共识。成都东郊这片工业文明的处女地，率先被二机部布局的4个电子企业的犁铧开垦。之后，一个个建设项目、一家家工厂在这片热土上陆续落地，呈雨后春笋之势。电力奇缺！用电告急！成都工业要发展，必须优先解决电的问题。

其实，早在1951年初，川西行政公署工业厅就做出了在成都近郊建设一座火力发电厂的决定，并获得中央人民政府燃料工业部的批准。此后，电厂建设进入实际筹备阶段，并将厂址定在城北府河东岸的官堰。终因电厂铁路专用线布置未能与成都铁路局达成协议，而被迫放弃。之后，又考察了圣灯寺等三处，均不如人意。最后，才把东郊沙河畔的跳蹬河确定为厂址。此地比邻东郊的各个大厂，地理位置适中，费省效宏，既可供电，又可供热，仅用水条件稍逊。

建设成都热电厂最可歌可泣之处是人力拖运大件。当时，有7个重件须及时运到电厂工地，尤其是其中的发电机转子、凝结器和汽轮机汽缸各重20吨，必须整体搬运。在当时既无铁路专用线，又无重型平板车和相关起吊设备的条件下，采用人力拖运成为唯一的选择，工人们把此法命了个名，叫“滚筒摇车拖拽法”。这种选择，就意味着吃大苦、耐大劳。数公里的沿途路面，首先要加宽填平，再放上枕木，上垫木板，木板上再放上滚筒。用自制的一台手摇绞磨机，加上钢丝绳牵引，在工人“嗨哟嗨哟”的雄壮号子中，庞然大物被一点一点地向跳蹬河拖去。这趟搬运时间是如此漫长，一干就是整整40多个日日夜夜。这趟搬运是如此辛苦，白天拖大件，夜晚伴它眠，吃在路边，睡在路边，并且时令正值酷暑，烈日踏尘土，雨天踩泥泞。走走停停，汗流浃背，终于让设备提前12天安全运抵工地。

1955年5月26日，成都热电厂一号机组并网发电。这座支撑川西地区电能源的西南地区首座高温高压热电厂总装机容量659MW，年均发电量33亿千瓦时，供热量约120万千焦。1958年全年发电标煤率达527克／千瓦时，创当时全国中压播散式链条炉的先进水平。

1958年7月，历经两年零三个月的成都热电厂第二期扩建工程投产，该工程由苏联援建，苏联派出华西列夫等10名专家到跳蹬河进行现场指导。这次扩建，装机两台各25MW的发电机组，既可发电，又可供热（实际供热13个大厂）。成都东郊乃至川西再也不愁缺电了。

可惜时过境迁，这个促进经济发展的大功臣，到了20世纪末，成了毒害成都、贻害一方的罪魁。成都的空气和沙河水资源被它的粉尘严重污染；该厂的点火频率高，一年开机点火不下20次，一旦点火，黑烟翻腾，噪声大得要命。2005年秋，城东片区竟然下了一场黑雨，许多街道、树木和建筑被染上一层乌黑泥浆！这场罕见的“黑雨”让市民万分震惊。著名的市人大代表李之权，多年来一直在跟热电厂反复较量。李之权有一句名言：“不把热电厂搬走，我死不瞑目！”

值得欣慰的是，通过市委、市政府的不懈努力，屡经周折，热电厂终于迁出了成都市区，终于还了市民一片蓝天。这正好应了老子的一句名言：“祸兮，福之所依；福兮，祸之所伏。”当然，这是后话了。

成量厂的骄傲

东郊，是成都现代工业的缩影，是数十万产业工人的骄傲和自豪。党和国家的三代领导人曾经不止一次地踏上过东郊这片土地。

当年最受国家领导人青睐的是成都量具刃具厂。

量具刃具厂的掌门人是厂长兼党委书记杨亭秀。杨亭秀出生于1918年，山西代县人，毕业于当时全国爱国知识青年向往的圣地之一的临汾民族革命大学。他当年活跃在滹沱河畔，顽强抗击日寇，是威震敌胆的年轻的代县县长，日寇汉奸对他恨之入骨，公开悬赏3000大洋买他的人头，他曾几次在群众的掩护下死里逃生。他于1949年12月随18兵团南下四川接收新解放区，任川西第一大县金堂县的首任县委书记。

1956年2月，一机部决定在四川筹建成都量具刃具厂，杨亭秀走马上任。按照一般的建厂进度，成量厂这么大的一个工厂，如果按照计划任务、初步设计、技术设计、施工详图、施工建设、调试生产这样的步骤按部就班地走下去，没有三年五载是建不成的，光设计制图少说也得花上一年多。杨亭秀从一开始就产生了一个极其大胆的想法：何必搞费时费钱费力地重复劳动呢？不如直接把哈尔滨量具刃具厂现成的设计图纸拿过来，为我所用。但他心里明白，此事太重大了，这是整个西南第一座现代精密工具制造厂，一个中央直接抓的大型企业，他只能逐级请示、汇报、力争。

岂料他的逐级请示汇报，竟是逐级吃闭门羹。他愈来愈郁闷，愈来愈不服气，就直接飞北京，找一机部设计总局“申冤”，不料设计总局也泼他的冷水。他火气上来，就跟总局的人争吵，双方僵持不下。旁边有个暗中赞同他的明白人就适时插话说，这样争辩也不顶用，干脆听听专家组长的意见吧。然后，部里就请驻一机部的苏联顾问——那位专家组长听取双方的汇报。专家组长不动声色地听完了争辩双方的陈述。岂料他不仅通情达理，而且还颇有“老大哥”的风范，很替中国着想。他说他赞成杨亭秀的想法，他认为中国同志重复使用他们设计的图纸这个想法很好，这可以大大加快工厂的建设速度，符合中国共产党尽快把工业搞上去的精神。满天的乌云风吹散，杨亭秀心里那个高兴劲啊！

1956年5月3日，工厂破土动工，掐指算来，从2月23日挂牌筹建至今，才不过64天。岂料1956年底，中央下令：成都量具刃具厂缓建，投资削减一半。不按常规出牌的杨亭秀又做了个大胆的决定：将建宿舍的钱节省下来搞试生产，继续修建已经修到二楼的量具车间厂房大楼，并按试生产的要求购置必要的机器设备。于是，工人的宿舍、办公室、食堂、俱乐部、医院、幼儿园、小学等等，凡是非生产性的设施，统统建成了可以使用十年之久的草房。杨亭秀带头搬进草房居住，一住就是十三年。

“1957年初，6个车间相继建成投产，到了12月栋主厂房基本建成，共历时22个月，完成基建投资2612万元，为原设计投资的88.25％，仅及哈量厂建厂投资的58%，建厂周期比哈量厂缩短两年多。当年完成产值127万元（当年不变价），实际产量较哈量厂提高

30%。”[①]一个4000人的大厂已经在成都东郊崛起。

杨亭秀当年坚持修完的量具车间厂房大楼，是座苏式尖顶塔楼，东郊人多爱叫它“莫斯科大楼”或“红楼”。自从建成之日起，这座典型俄罗斯建筑风格的“莫斯科大楼”，就巍然屹立在府青路与二环路的交叉路口。当年，只要站在猛追湾二号桥（今新华桥）上朝北方向眺望，便会看见那异国风采的尖顶塔楼巍然屹立在天际线上。它曾经招徕了数不清的一拨一拨的成都人，从中心市区赶来瞧稀奇。这座东郊工业文明的标志性建筑，堪称那个年代成都市最漂亮的建筑，近年已经被列为四川省文物保护单位。

1957年3月5日，是成量人终身难忘的日子，这一天，当年的解放军总司令，如今的人大常委会委员长朱德来厂视察。朱德拄着手杖，先是冷静地看，看量具生产车间，看厂里刚生产出的产品。以量具厂房大楼（俄式尖顶塔楼）为代表的生产性设施修得一丝不苟，而其余的非生产性设施却是草房的天下，这种强烈的对比在朱老总的心头激起了涟漪。最后，他才在草房办公室里落座，听取杨亭秀的建厂情况汇报。杨亭秀的汇报让朱老总听得津津有味，眼看时近中午，他干脆叫杨亭秀随车，一起去省委用餐。在轿车里，在餐桌上，他边听杨亭秀汇报，边插话。

老总说：“你们厂的做法符合中央、毛主席倡导的艰苦奋斗勤俭建国的方针，符合党的群众路线。”

① 《激情岁月——成都东郊工业史话》，成华区政协文史学习委员会编印，准印证号：川新出（2019）064，第59页。

老总又问起厂子建成后他们如何管理的问题。当听杨亭秀说按苏联设计的管理办时，老总插话了："我到苏联参观过七八个厂子，觉得苏联的专业管理不错，但缺乏群众路线、群众管理。我看，你们既要搞专业管理，又要搞群众管理，把二者结合起来。战争中士兵在战壕里还开民主讨论会呢，搞工厂为什么不能搞呢？"

老总意犹未尽，想了想又说："苏联搞的是一长制，我们要搞党委领导下的厂长负责制，集体总比个人强嘛！"老总的话让杨亭秀受益终身。

朱老总回到北京，于3月16日书面向中央和毛泽东报告了成量厂的建厂经验，提出"应该加以介绍和推广"。中央将朱德的报告转发全国，要求各省市向成量厂学习。4月10日，《人民日报》发表了评论员文章《勤俭办厂的一个范例》。中央新闻纪录电影制片厂赶来，为成量厂拍了部纪录片叫《一个勤俭办企业的典范》。这部电影在全国的各个电影院和流动放映队放映，几乎覆盖了全国，成量厂一炮打响。此后，毛泽东、刘少奇、陈云、邓小平、薄一波等一大批中央领导陆续到厂视察。①

接踵而来的殊荣，不断鞭策着成量厂人。杨亭秀抓住1957年底中央追加投资的机遇，将设备大部突击购置安装到位，并使国产设备占到95%以上。

在成都东郊所有大型工厂中，有幸接受过毛泽东视察的，只有量

① 《激情岁月——成都东郊工业史话》，成华区政协文史学习委员会编印，准印证号：川新出（2019）064，第61页。

具刃具厂。1958年3月5日下午，在成都西郊金牛坝召开成都会议的毛泽东，他的车队突然出现在东郊。

伟人毛泽东视察量具刃具厂的隆重场面我不便妄加揣测。感谢《激情岁月——成都东郊工业史话》一书的编撰者，专门在书中辟了专题《刃具厂的“幸福门”》以记其盛。兹将有关文字抄录于后，以飨读者：

当时毛主席在省委秘书长和其他省上领导的陪同下走进车间，车间主任王德明（音）和工人们一看是毛主席，都兴奋地喊起来了：“毛主席来了！毛主席来了！”一下子，车间全乱了，都争先恐后地涌到主席身边，形成了一道厚厚的人墙。后来，车间领导来了，把工人们分开，让毛主席从中间过，工人们都热烈鼓掌。毛主席先穿过备料车间，然后走刃具厂房的刨铣车间过，从机械车间到工具车间。当时车间主任罗为政赶来，幸运地和毛主席握了手。毛主席是从小门进厂的，不能再让他从车间的小门出，怎么办呢？于是罗为政主任分开人群，把厂房后面锁住的大门打开，毛主席才得以出去。6日，整个车间沸腾了，所有的工人都兴奋得不得了，生产量也迅速攀升。

工具车间以前一直实行月工资，后来改成计件工资，干多少拿多少，生产已经搞得风风火火。毛主席来了以后，在工人师傅田景琦的带动下，搞计件的工人们都提出不搞计件了，田景琦甚至把计件的工票都撕了。工人们的积极性高涨，生产量猛然翻了好几倍。

后来，毛主席曾经走过的那道门被工厂命名为“幸福门”[①]。

到了1960年，成量厂新建了复杂刃具分厂、钢铁分厂、轴承厂分厂、冶金分厂、机床分厂、化工分厂、砂轮分厂、水泥分厂等14个卫星厂，形成了一个综合性的联合企业。此时的成量厂，其产值是原设计目标的10倍，而累计完成上缴利润已足以再建5个同类型的新厂。而最让杨亭秀欣慰的是，工厂逐渐锻炼出了一支素质优良的管理和职工队伍，这支队伍敢打硬仗，并且洋溢着一种吃苦耐劳、乐于奉献的革命乐观主义精神。

1960年6月，国家主席刘少奇第二次来成量厂视察（第一次是在朱老总向中央推荐成量厂之后的1957年）。成量厂的管理经验让刘少奇感到很欣慰，他认为成量厂是贯彻毛主席“两参一改三结合的先进典型”。他当场就吩咐陪同参观的成都市委书记，叫他派人帮助工厂总结经验，并上报中央。6月24日，人民日报在头版头条推出特稿，《新型的社会主义企业管理制度》的标题格外醒目，并且还加了编者按，号召全国各省市企业向成量厂学习。接着，党中央在人民大会堂召开表彰大会，成量厂被授予全国的红旗工厂。杨亭秀站在讲台上，接过周恩来亲自授予的一面红旗，并接受总理的握手祝贺。刹那间，这位从抗日烽火中走过来的铁打的汉子，如今已锻铸成了企业优秀管理者的杨亭秀，竟感觉眼睛发潮，从1952年夏担任205厂党委副书记

① 《激情岁月——成都东郊工业史话》，成华区政协文史学习委员会编印，准印证号：川新出（2019）064，第253页。

至今，他已经问心无愧地为党、为祖国的工业化整整奋斗八年了，今天终于向周总理交了一份满意的答卷。[①]

成量厂在三年左右的时间里梅开二度，自然成了全国注目的焦点，中央新闻纪录电影制片厂又为它拍了一部题为《一个多、快、好、省的工厂》纪录片，在全国放映；《红旗》杂志、全国总工会、江西省委工业部等还派专人驻厂，学习、整理该厂的经验，前来成量厂的参观者络绎不绝。这年的秋天，朱德委员长第二次来视察成量厂，他目睹了工厂发生的可喜的变化，乐不可支，感叹道：“灿烂的思想政治之花，结出了丰硕的经济之果！”

就在这段时间，成都东郊冉冉升起了耀眼的双子星座，一颗星星是量具刃具厂，另一颗星星是715厂（宏明无线电器材总厂），这两个厂都是新中国当年骄人的红旗工厂。

① 周明生：《浮沉东方》，成都：成都时代出版社，2012，第78页。

风云人物李铁锤

成华区利用原红光电子管厂旧址，打造了极具个性的文化创意产业基地——东郊记忆（旧称东区音乐公园），这是运用工业遗产保护与文化创意结合的理念打造的以音乐为主题的产业园区。在东郊记忆里漫游，其历史文化陈列馆给人以深刻印象，在循环播出的大屏幕上，人们会见到一个闻名全国的风云人物，当年红光电子管厂厂长李铁锤。

1992年5月1日，《中国电子报》在刊登一篇李铁锤撰写的文章时，特意加了一则“编者按”：

> 李铁锤同志自1983年起担任国营红光电子管厂厂长，工厂面貌发生了巨大变化，连续8年获得较好的经济效益，使这个曾是“老大难”的企业，变成为全国优秀企业。李铁锤同志于1989年被评为全国劳动模范，1991年又被评为全国优秀企业家。今年“五一劳动节”，李铁锤同志被全国总工会推选为全国劳模进京的20名代表之一。本报今天刊登了李铁锤同志的这篇报告文章，从李铁锤同志的身上集中体现了我国工人阶级的高贵品质和企业家搞好大中型企业的改革开拓精神。

作为全国最大的电子束管基地的红光厂，自“一五”期间建立以来，有20多年按计划经济方式进行生产，在1983年以前的十多年中，工厂连年亏损或微利，曾被称为“老大难”企业。进入20世纪80年代以来，红光在市场经济的大潮中奋勇搏击风浪，终于在20世纪90年代中期扶摇直上，实现了腾飞的梦想。这个1983年产值仅1000多万元、固定资产原值仅9000万元的国有企业，在10年后的1993年，已发展成年产值10亿元以上，实现利润1.5亿元，拥有近13亿元固定资产的大型股份公司。企业跃入全国电子百家企业和全国500家规模最大企业之列，先后荣获部省级质量管理奖、全国机电产品出口单位、全国企业管理优秀奖“金马奖”和国家一级企业等249项市级以上的荣誉称号。

这一时期的红光，并非浪得虚名，连续多年荣获成都市工业企业利税大户第一的殊荣，高得让旁人眼馋的工资奖金使厂里职工的生产积极性十分高涨。国家领导到成都必去视察红光，省市领导自然是红光的常客，难得一见的国家艺术团还专门去红光慰问演出。红光的掌门人、厂长李铁锤因为领导有方，使工厂面貌发生了翻天覆地的巨大变化，而成为一些企业领导心目中的偶像。

李铁锤雄心勃勃，耗费一腔心血，拼着性命，把企业带上了巅峰。但他走马上任之初，却接连引爆了两颗大“炸弹”，差点炸得他人仰马翻。

且让我们把目光投向1983年年底。

李铁锤1983年上任之初，红光厂有七八千万的欠债要还。一方面，企业非常困难，另一方面，吃惯了“大锅饭”的员工们却对工厂的连年亏损或微利熟视无睹。李铁锤敏感地意识到，像这种地处内陆的老企业，要想不被淘汰，唯一的出路就是改革开放。他刚一上任，就把改革的主攻方向选在打破“大锅饭”上。他发现，厂里的那条国产黑白显像管生产线是“大锅饭”最突出的表现。非常滑稽的是，维持这条生产线运转的几百名员工全是临时借调人员，不安心工作、技术也不熟练的现象很普遍。这条生产线不仅工作环境比较艰苦：高温、噪声、空气不好，而且劳动强度大，但每月的奖金拿的是十几块钱的平均数。因此，这条生产线上的工人劳动态度消极，产品合格率低，效益差。

他思前想后，准备以此为突破口，让奖金向大生产线倾斜，调动员工的生产积极性。他在调研以后，胆子就壮了。他做出决定：把全厂40%的奖金，用到人数只占全厂14%的这条生产线上去。同时还决定：第一，对临时借调到这条生产线的几百号人，全部办理正式调入手续，有特殊原因需要调整者，放到以后酌情处理。第二，有想不通或者有意见的同志，可在三天以内到厂长办公室与厂长交换意见，三天过后不上班者，以旷工论处。

以今天的眼光来看，这个决定可谓平常之极。在当时，却相当于在一锅滚油里陡然泼进了一瓢冷水，“轰”的一声巨响，全厂顿时炸开了锅。人们早已习惯了慢慢吞吞、自得其乐的生活，哪怕挣钱不多，平淡如水，也无所谓。俗话说：新官上任三把火。这个连椅子都还未坐热的新厂长，烧的第一把火居然是动奖金！一时间，骂娘的、叫好的、看笑话的，舆论蜂起。有人甚至软磨硬抗，整个工厂的生产节奏明显慢了下来。李铁锤估计到他的新政会招来非议，但人们反响之强烈，还是大大出乎他的预料。风险说来就来，他甚至做好了最坏的打算，他赶紧组织了由八十名干部组成的后备队，预防万一三天以后果真有人撂挑子，他就要亲自带队顶上去。一连三天，他都坐在办公室里，等候与来访的员工对话。但他发现，好些来访的工人只是出于对他能否真正坚持逗硬的担忧，他就斩钉截铁地回答："如果不逗硬，就请你们来找我算账！"

三天的时间一晃而过。第四天8:05，李铁锤从电话里得到消息，这条生产线上本班人员无一缺席。"好！"他不禁高兴地叫出了声。从此，这条生产线上出现了从未有过的现象，员工们表现出空前高涨的劳动热情，生产蒸蒸日上，产品合格率大大提高。结果，这条1983年底刚投产的黑白显像管生产线，在次年的产量就超过了设计能力，创造出1057万元的利润，实属成绩空前。

此后，他乘胜挺进，逐步深化改革，相继推行了全员承包、干部聘任制、目标管理、大生产系统管理技术、质量成本目标计奖分配体系，为企业转换经营机制奠定了基础。

李铁锤除了鼓励多劳多得，还通过厂党委的同意和协调，把能人推到中层干部的岗位上以外，最重要的，还是下大力气建立了企业文化。通过对红光厂多年实践的总结，李铁锤还创造出一套现代大企业整体优化的管理方法——《红光系统管理法》，其核心是保证质量，使企业的生产发挥最大的效益。这不仅是个管理企业的方法，更是新型的企业文化。电子科大管理系的戚应轩教授根据李铁锤的想法，起草了文本，李铁锤又带着他专门到日本去学习企业管理。以李铁锤作为主研人的《红光系统管理法》获国家科技二等奖。

1984年，以“构思、拼命、不满足”自我激励的李铁锤，发了一记狠招，骤然间，他把天捅了个大窟窿，把自己卷入了风口浪尖，害得他差一点就折戟沉沙。

显像管厂最难的工艺就在玻璃系统，玻壳生产线是现代玻璃行业技术难度很高、经济批量要求很大的高风险项目。红光厂有一条为黑白显像管生产配套的黑白显像管玻壳生产线。这条生产线是在“文化大革命”的大背景下，历时两年，完全依靠自力更生，举全国之力搞大会战造出来的一条“争气线”。

请看当年的亲历者、773厂玻璃分厂总工程师、教授级高级工程师邓景镇的回忆。他是这样来描述这条“争气线”的：

> 这条生产线投产后，生产试车都很艰难，基本上试车工作到哪台设备，哪台设备都存在各种各样的问题，设备故障不断，生产工艺连接不上，试验产品的质量和产量都上不去。在这条战线上进行试车工作的人员更是十分辛苦，不但见不到成绩，而且每天都不知道下一步该怎么试下去。这样的情况足足折腾了八年，大家形容为“八年抗战”。生产上不去，企业也陷入年年亏损的恶性循环旋涡中，使我厂这条实际年产只有几万只玻壳的生产线处于非常被动的局面。[①]

① 邓景镇：《奋斗在玻璃战线——我的工作回忆》，见《奋斗的岁月——七七三厂玻璃系统回眸》（内部资料），高富帅编著。

这条“争气线”的产品合格率只有百分之几，平均每月亏损28万元。工厂每年要花掉几百万美元的外汇进口黑白显像管玻壳，来维持黑白显像管的生产。显而易见，引进国外先进技术和关键设备改造国产线势在必行。

李铁锤1983年8月上任，1984年搞引进黑白玻壳生产线，本来经过赴日考察，货比三家，进行谈判，都同日本方面签了合同，消息传开，在厂务会上就爆发了冲突。“拆掉这条线，就好比是杀掉自己辛辛苦苦养育的儿女一样，感情上无论如何也接受不了啊！”一位在这条线上苦干了多年的老同志，声泪俱下，情绪失控。是啊，敝帚都尚且自珍，何况是相伴了十年之久的国产线！会场上一时炸开了锅，人心的天平倾向了弱者，原定的会议内容根本就无法进行了。

晚上，一位老朋友来访。他是工程师，当年跟李铁锤一起为国产线的诞生搞过设计和革新，二人还一起在仁寿老山沟里的三线建设的山洞住过。寒暄一过，他立刻兴师问罪，质问李铁锤为何要搞引进。因为是老朋友，他说话就毫不避讳，竟然义愤填膺地斥责道：“拆掉我们奋战十年搞起来的生产线，就是否定我们自力更生的成果，不是洋奴哲学是什么？”他写了许多信到处散发，还到许多领导机关上访。一时间，舆论哗然。几家全国性报纸争相赴电子部调查，有关部门和有关组织也发出信息，拟对此事进行干预。种种消息四处乱传，嘈嘈切切，使全厂思想陷于混乱。李铁锤身处风口浪尖，灵魂备受煎熬，内心冲突十分激烈，竟至连夜失眠。

说他否定“自力更生”，他想不通。他回想自己进厂以来的二十多年间，曾有过无数个通宵达旦的奋战，尤其是担任自行研制的第一只彩色显像管突击队长时，更是如此。可以说，他们这一代技术人员的所有本领都是在自力更生的历史大背景下，自己锲而不舍努力的结果。日思夜想的结果，他更加坚信自己决策的正确性。憋闷得久了，就想散散心。他随意去车间走走，碰到认识的员工就停下来，随意地闲谈几句。结果却发现，许多员工都是支持他的，对闭关自守、抱残守缺很反感，尤其对把红光当成试验场的做法更为反感。他紧锁的眉头舒展了。

李铁锤又接到了一封北京来信，那是电子部有关领导写的。信中说："在改革和前进中遇到了一些阻力，这并没有什么奇怪，改革势在必行，前进不可阻挡……不要灰心，需要组织帮助你解决的问题，上级组织一定会帮你解决。"来自组织的信任驱散了心中的阴霾。

他坚信，红光一旦掌握了当时国际上最先进的管理和大生产技术，必将焕发青春，也必将具备承包国际黑白玻壳工程的能力，而他们经过多年艰苦奋斗积累的技术经验，也将跃升。他绝不能眼看引进计划白白流产，决心拼命一搏。他连夜写成一个报告，提出了改造国产生产线的充分理由和技术实施方案，不顾一些人的强烈反对，经厂务会议讨论后，直接将手书稿复印上报了电子部。

寄到北京的告状信，引起了中央的重视，有领导批示要慎重处理此事。电子部的最高领导召集红光厂的两派，包括部里设计院及上海、南京等搞玻璃生产研究的专家一二十人，到北京开了一个星期的会，搞调研，听意见。李铁锤当时属于"被告"，没有去。对于是否引进，或者引进之后是否放在别处，进行了反复的探讨、论证。在摸清了来龙去脉之后，别的不说，单是要撕毁跟日方签的合同这点就不大可能，因为这不仅是要赔罚金的问题，更是给中国改革开放的形象抹黑。事后有人给李铁锤开玩笑说：“你小子狡猾，先签了合同。”后来，电子部把李铁锤和红光厂党委书记等人找到北京，正式宣布：按合同执行，继续引进。

红光厂真是了不得，很快就掌握了日本的技术。生产线还没建完，就开始出产品了。引进的生产线当年就见效益，第二年就由一个亏损了8年的企业变为盈利2000万元。尤为可喜的是，773厂生产的17英寸黑白显像管两三年中在国内是一枝独秀，狠狠地赚了一把，开工一年，就赚回了一条黑白玻壳生产线的投资。

引进黑白玻壳生产线后，效益极为显著，两年就收回了投资，整个技术水平前进了一大步，而且建立了新型的管理体制。后来又成功引进了彩色玻壳生产线，彩色玻壳的技术更强，对尺寸的要求更严，容不得半点偏差，否则色彩就会乱套。

李铁锤自1992年起任红光实业的董事长。1995年换届，按李铁锤的年龄，还可以再干一届。

但此时，病魔却向李铁锤袭来。他发现，他的手和腿经常失灵，伸手端茶杯，茶杯会突然掉地上；他召开时间并不长的生产会，会一完，他却走不了，得慢慢站起身，活动半天才能开步。还有，因为大脑供血不足，经常发生眩晕。医院确诊，是他的颈椎骨质增生压迫神经所致。他长的这种骨刺都是朝里面长的，跑了几趟华西医院，治疗效果并不好。遵照医嘱，李铁锤的脖子上必须戴一个固定颈椎的卡子，以减轻对神经的压迫，这是一个缠了纱布的塑料卡子。他明白这卡子很影响他的形象，他除了外出坐车时必戴以外，在办公室是没人时才赶紧戴上。

他感到自己的身体已经不行了，就暗中做了一个“小动作”。红光搞股份公司以后，任董事长的他搞了一个章程，章程指明总经理才是法人代表，除了重大的决策，日常的生产管理都交给总经理管。李铁锤经常自嘲说：“我最后一个设计，是我自己下台。”但真正要下台，却并非易事。部里、省里、市里都一再挽留他，他也再三推辞。最后，经市委研究并报省委同意他不再继续当厂长，准备把他安排到省或市的科协去任个闲职，也被他谢绝了。他的如意算盘是：已经搞了股份制，发行了股票，准备上市，大事已经就绪，他可以解职去深圳养病了。他的颈椎病特别怕冷，而深圳那边温暖的冬天在召唤他。

1996年11月，心情轻松的李铁锤来到深圳养病。1997年4月的一天，他突然昏厥，失去知觉有一二十分钟之久。之后，他苏醒过来，无法动弹，虽能听到身边的人说话，但呼吸困难，被送到深圳医院急救。在一个多月里，严重时无法进食，一直住重症监护室，吸氧，输液。这时候，他的夫人汤淑兰也从成都赶来照顾他。

他把深圳的几个医院都住遍了。自打他病倒以来，几个月之内，就日日夜夜都离不开氧气，一旦不吸氧，呼吸就很困难。喝的水也不能太热，连着喝几口，马上又会出现呼吸障碍。别的东西都难以下咽，就只能吃点杧果、荔枝的果肉。在深圳期间，他被紧急送往医院抢救，一去就住重症监护室，一住就是个把月，这种情况接连发生过三次。在那些危险的日子里，他完全不知道自己能否挺过去，生命好像随时都会弃他的躯壳而去。汤淑兰怀着恐惧，受不了这种生离死别的残酷煎熬，就把成都的女儿、北京的姐姐妹妹都招呼到了深圳的医院来陪他。他的上司、朋友、同事纷纷赶来看望他。

每天躺在病床上吸着氧、输着液，李铁锤感觉随时都有生命危险，就情不自禁地回顾起自己这大半生来。自从1962年进厂以来，他一直都在忙，搞攻关，搞革新，上夜大，搞玻璃熔炉水煤气改天燃气，搞彩管攻关，搞天然气转化，搞三线基地，搞援朝39大项目。当了厂长后更是忙得不可开交，搞营运、搞出口、搞创汇，不断地上项目、搞兼并、跑贷款、跑方方面面的联络协调……还经常熬夜译日文、写文章，忙、忙、忙，一直忙到某一天，极度透支的身体突然宣布罢工。此刻，他才明白，有一副健康的体魄是多么幸福！他不敢奢望自己还能像当年那样生龙活虎，但总渴望有一天能重新站立起来。

但不幸的是，从1997年4月到1999年9月，他几乎一直在住院，两年多的时间里经历了病魔的残酷折磨。后来，见病情稳定了，家人赶紧带着氧气瓶护送他上飞机。等到他于1999年10月在家人的护送下，挂着氧气乘飞机回到成都东郊773厂的宿舍时，红光实业已经倒闭了。

不知不觉间，李铁锤整整病了11年。当熟人、朋友又看到李铁锤的身影时，除了觉得他略显苍老，头发花白以外，发现他依然声音洪亮，精神矍铄，都惊叹他生命力之顽强。人们感叹说：“你病倒了，红光也病倒了！”

其实际情况是，红光实业公司因犯有欺诈发行股票罪，成为全国第一个被追究刑事责任的上市公司，被央视以充满邪恶与恐怖的名字“伏地魔”相称。红光，居然在世纪之交从巅峰状态跌落无底的深渊。

李铁锤说，如果他在位，凭他的人脉，银行到期的贷款可以缓还，别人贷不到的款，他可以贷到，利用新的环境，新的条件，多跑跑路，就可以开辟其他的项目。但历史是无法假设的。

“东郊教父”王成香二三事

从前的建设路2号，如今是“建设路商圈”的黄金地段，它的周围是一个个现代感十足的高品质住宅小区，比如：在国光厂旧址上打造的“首创·爱这城”，在建设路1号亚光厂旧址上打造的“万科·金域蓝湾”，在国光厂对面的虹波厂旧址上打造的“龙湖三千里”，在新兴仪器厂旧址上打造的“龙湖三千城”和“龙湖三千集”，在宏明厂旧址上打造的“耀之城”，等等。建设路2号的东头，耸立着零售业巨头伊藤洋华堂的商贸大楼，通过横跨二环路的天桥，顾客可以直接走进伊藤洋华堂华丽的卖场。这里从早到晚车水马龙，人流熙熙攘攘，一派城市中心的繁华景象。在“东调”以前，这里是国光电子管厂区的一部分，曾经矗立着一幢巍峨的国光大厦，并且承办过盛极一时的证券交易所。一个大型国企，一个国防工厂，怎么会涉足证券交易业呢？这就要说到“东郊教父”王成香了。

王成香是江苏镇江人，1966年从东南大学毕业后分配到国光。他学的专业是微波器件，一直搞技术工作，后来被评为教授级高级工程师，1984年被任命为厂长助理，不久改任党委副书记。1992年初，在实行厂长负责制的关头，当时上级的意图是叫他党委书记和厂长一肩挑，但他偏偏不信邪，认为一个共产党的书记也照样可以把一个工厂搞好，就直接提拔了一个下属任厂长。他的党委书记一直当到2000年工厂改制时，国资委控股，他这时差一年就该退休了，上级却非要叫他出任董事长兼党委书记。2004年他想退，没获批准。直到他六十六岁时，才正式办理了退休手续。这种超期服役，在成都东郊绝无仅有。

王成香为什么叫“东郊教父”呢？从下面的一件事即可看出端倪。

2003年的一天，东郊八九家大型军工企业的一把手忽然接到王成香的秘书打来的电话，请他们立即赶往王成香的办公室，有急事商议。东郊这八九家大型国企的巨头本来平常就联系紧密，他们在第一时间赶到了国光。王成香招呼大家入座，劈头就问文件看了没有，合不合理。大家七嘴八舌地直说不合理。王成香就说，那还等什么，马上去找市委分管领导反映。

这是怎么回事呢？所谓文件，是指市国资委刚下发的一个文件。该文件规定，对于未改制的企业，实行利润与工资总额同步增长，不再交所得税，但对于改制企业，却要求在已上交占利润3%的所得税的基础上，再分配时，必须按人均工资1200元的基数先交所得税，再发工资。这样，就减少了职工的收入，增加了企业的负担。王成香认为，这个规定跟国家的所得税规定明显抵触，企业响应中央的号召改制，利润与工资总额也应当同步增长，结果却适得其反，就很挫伤企业改制的积极性。

经过大家紧急磋商，形成了一致意见，马上草拟文稿，并打印了出来。王成香说，时间紧迫，各家拿文件回去盖公章已来不及。就叫大家采用最原始的身份认证方式——在纸上按手印。当时，主管工业的市委副书记是从420厂提拔的。接着，王成香拨通了副书记秘书的电话，说他要直接给副书记本人汇报。之后，贴着特别通行证的的轿车一辆接一辆，直扑市委大院。副书记在市委大院书记楼热情地接待了他们，了解了事情的原委。此事的结果是，东郊那些改制国企与未改制国企享受同样的所得税待遇。此事办得很机智，那份国资委文件并未收回，而王成香等从此也缄默不语，只做不说。

1991—1992年是国光最惨淡的时期，负债率高达97%以上，连发工资都困难。贷款还不了，银行不仅截留货款，而且罚息。

1991年，国光花800多万元在工厂的大门口建成了有8000多平方米的国光大厦，初衷是想搞成吸引大学生进厂的鸳鸯宿舍楼，但生活设施尚未配套。受1992年邓小平南方谈话精神的感召，王成香又动起了脑子。他看准了当时成都的股票交易市场方兴未艾，而又缺乏交易点的现状，就想办证券交易所。但当时国光并非股份制企业，他把脑袋一拍，来了个“曲钱救国”，选中了国泰证券，双方联办证券交易所。王成香主动提出场地、资金、人员全部由国光承担，国泰以20%的干股分红。国泰当然求之不得，将其定名为“国泰证券建设路经营部”。国光虽未冠名，但招牌的最上面却赫然打着国光的商标，让人一看便知是国光的“自留地”。待合同一签，双方立马到深圳采购回电脑等必备设施，很快就开业了。

在这个问题上，国光开班子会时也有争论，反对者替王成香担忧，怕他踩红线犯错误。但对中国金融市场一直有研究的王成香胸有成竹。他想，既然邓小平可以支持首都钢铁公司涉足金融业，那么国光当然就可以效仿。他为了宽慰大家的心，就拍着胸脯说，出了问题由他一个人负责。还有人提出异议，认为在工厂大门口搞证券交易弊多利少。王成香力排众议，坚持要干。这个证券交易所占了国光大厦的一、二层楼，分大户室和小户室，最初只有1000多平方米，1994年10月正式开张，生意火爆到难以想象，于是赶紧扩大到2000多平方米。当时炒股，不是网上操作，不是电话委托，也不是银联转账，而是必须拖现金或带支票到现场交易。为了解决办交易所开办资金的缺口，王成香又说动中国银行，在交易所隔壁开了一家储蓄所，先从该储蓄所借出一笔需付息的资金救急，并承诺了未来的储蓄额度。储蓄所的工作人员全由国光派出。这样一来，不仅大大方便了股民，每日的储蓄金额叫人大喜过望，而且国光急需的流动资金也有了出处。

当时，这个交易所盛极一时，12个贵宾厅人满为患，5个大显示屏前挤满了情绪激昂的散户，每日进出的资金数以亿计。这个股票交易所火爆了4年之久，国光分红比例是80%，到底每年分红分了多少？王成香至今也不想透露，只说："我给你举个例子，你可以想象一下。当时我的坐骑是桑塔纳，交易所经理的坐骑是大奔驰。"叫我自己去推测想象。

1998年亚洲爆发金融风暴，中央规定不允许企业办证券。正在国外考察的王成香接到厂长的越洋电话后，匆匆赶回东郊。由国光、国泰和银监会三方一起处理相关事宜。退出证券交易所的国光，不仅分到大奔和桑塔纳各一辆，国光派到交易所的20多名工作人员全部归国泰，开办时国光的所有投资按原价返还，而且还有将近600万元当年盈利的分红。利用对方想在原址继续开办的心理，一口吃成大胖子的王成香提出年租金350万元，预付5年。岂料对方也满口答应，真是财大气粗啊！

国光前脚拿了这两笔钱，王成香后脚就叫人在八里小区以每亩

40万元的价格征了28亩土地，建国光新宿舍区，一举解决了工厂的共400多对大学生鸳鸯配的住宿问题，连刚领证结婚的新人都分到了新房。这些单元房的售价为750元／平方米，并且办好了产权。鸳鸯配的大学生如果要退一室一厅的老房，住80平方米以上新房的，所退旧房由工厂以700元／平方米的价格回购。这些750元／平方米的房子，2011年时可卖到7000—8000／平方米了。宿舍临街的底楼，建了门市营业房，又另建了800平方米的茶楼。如今，这些房子全都被超市、健身房、棋牌室、茶坊等业主租赁了。

当年只花了800万元建的8层国光大厦，现在每年的租金就是750万元。如今，国泰交易所生意不再火爆，只好搬到租金便宜的对面房子去了。当年受王成香办交易所的影响，建设路街对面的亚光厂也办过几年名叫成都证券的交易所。

2000年10月，国光改制，改名为国光电气股份有限公司。其做法跟其他厂不一样，实行股票买一送一，每股1元，规定所有在职员工，包括离、退休人员，每人都可以自愿购买2万股，再赠送2万股。现在每股净资产6元。从改制后的第二年就一直在分红，最高年份每股分到了0.4元。

2004年国光改制时，对应该分流的在职职工安排有转换身份的安置股，一年工龄算800股，最长的有30年工龄合2.4万股的。加上每年的分红很可观。但退休人员没有安置股。这就大大刺激了当年没买股票的离退休人员，他们到局、市、省投诉，强烈要求安置股不说，还强烈要求跟国光的新领导班子对话。但是，因为退休人员进了社保，所以全国从上到下找不到一个单位退休人员有安置股的。

这天，参与协调会的二百多人拒听主持会议的副董事长兼总经理讲话，并抢了麦克风，强烈要求王书记讲话。王成香接过麦克风，环视了一下众人，充满感情地说："在座的，有的是我的同事，有的我进厂时已经是领导，有的是我的师傅，你们没有功劳有苦劳，没有苦劳有疲劳。但是我不能说无根无据的话。当时给你们安排了股票，你们不买，这个跟公司无关，我就不多说了。至于安置股，你们只要找到全国任何一个单位离退休人员有安置股，我们就可以考虑。你们要我违反原则，舆论会说，776都实行了，东郊马上就会闹，我就成了罪魁祸首。"王成香把话锋一转，"反正我早已超过退休年龄，如果你们再这样闹，我就辞职！"不料，全场立刻大哗："啊！你不能走！……"

事后，王成香又亲自找到相关人员进行了个别疏导，这件事也就算过去了。但他并未忘了这些当年流血流汗、艰难创业的老同志，从2004年开始，直至建厂五十周年纪念，他以新区开工、利润创新高、新品通过鉴定、正品已验收、中秋、春节等为由头，一次又一次地发放不跟岗位奖金挂钩的临时奖金，发放数额从200元到500元不等，见者有份，不分高低，对几千名已离退休的人员也照发。等到王成香正式办理了退休手续，他也就不便坚持了。不用说，王成香此举换来的是一片叫好声。直到他退休后的今天，凡是厂里的人碰到他，总会热情地招呼他："王大爷好！"这让他很是欣慰。

在国光，下至清洁工，上至厂长，凡是临近退休的员工，都可以享受一次免费旅游，或海南，或云南，或江浙，旅游地任意选择。从20世纪80年代以来，年年如此，深得广大员工的心。国光的职工医院至今还在。凡是国光的员工，住院的400元门槛费只交一半。在整个改制、职工分流的过程中，不采用强制手段，而是尽量安置。

王成香当党委书记走马上任的第一天，他就宣布："我不是搞政治的，但我要坚持一条，一定要实事求是；第二条，我不会辜负大家的期望，我一定会勤勤恳恳地干事。"他在位的时候，哪里搞不好，他就到哪里蹲点，解决问题。

东郊一些大的决策，包括前锋改制，其董事长和总经理都到王成香的办公室去咨询；街对门的亚光，也效仿了他给离退休人员一视同仁发钱的做法。

当年在没改制的情况下，国光经市委同意，把国光大厦后面的一块土地出让了2000万元，争取来部里的4200万元配套资金，用于技改，使国光走出了困境。王成香说："根据自身实际，国光创造的第一有：第一个开商场，第一个涉足金融（买股票、开证券交易所），第一个引进乌克兰生产线，第一个破墙开店，第一个搞房地产开发。在做大主业的基础上，安置了好些职工，得到了应有的回报，使国光在最困难的时候，一步一步走出了困境。"

现在的体制，军品是单独一本账，搞技改它拿钱，但即使只要一个，工厂也得生产，而且必须保证质量。民品有真空开关、漆包线、真空锁等，2019年的销售收入达1.8亿元。

国光原有3700多名员工，改制分流后不到1200人，没有发生大的风波。王成香六十六岁退休时，国光账上的资金4.5亿元，不欠银行一分钱贷款不说，手上还有土地。

附录　成华区属工业在改革中前进

成立于1984年的环城实业总公司是成都市成华区的区属企业。1994年，公司率先从深圳引进玻璃制品及印花工艺成套生产设备，办起了环城玻璃工艺制品厂。经改建后成为集住宿、餐饮、娱乐为一体的环城大酒店和一环路北四段100间以经营建辅建材为主、营销一体化的商业一条街，以其优质的服务和良好的信誉，屹立在成都市的北门。1996年，公司在雅安芦山投资硫铁矿开采，在成都市东郊二环路外征用1.8公顷土地建成了公司的工业基地，采取面向社会引进资金和技术力量，发展成集产、销、服务一条龙的工业基地。1994年到1995年，公司连续两年被成都市委、市政府授予“成都市乡镇企业综合经济效益50强企业”荣誉。

成都市电力东方线路构件厂始建于1984年，是成都市成华区的区属企业，也是国家电力公司电力机械归口管理企业和生产输电线路铁塔的专业厂家之一。建厂以来，该厂恪守“科学技术是第一生产力”的宗旨，添置了铁塔数控自动生产线，对热镀锌车间进行技术改造，引进热喷锌钢管杆生产线。企业于1998年4月通过了ISO9002质量认证体系，产品经电力行业和四川省产品质量监督检验所检测，达到GB2694-81技术要求。

宏明企业总公司兴建于1985年2月8日，经济性质为股份合作制，是成华区重点骨干企业。下属宏明装饰材料厂、宏明金鹰装饰板厂、宏明电动工具厂、宏明进口汽车修理厂、宏明印刷厂。公司先后荣获省乡镇企业系统先进企业、省文明乡镇企业、百佳文明乡镇企业、十强乡镇企业等荣誉称号。

成都联达通信集团公司是生产各种类型、规格的通信电缆及经营各种类的通信器材的综合性企业，下属联达光缆厂、联达环球通讯器材有限公司、联达高科通讯器材有限公司、联达兴迪通讯器材有限公司、联达光电通讯器材有限公司和集宾馆、餐饮、娱乐、园艺、活动、休闲为一体的花果山庄等企业。公司的龙头企业联达光缆厂年生产能力为5000公里、年产值5000万元。LDC牌光缆在全省“三资企业”成果展示会上获得省政府颁发的金奖。特别是GYTA型光缆被中央电视台采用，作为第四套节目传输线路，因其各项性能优良，受到中央电视台的高度赞扬。1997年国家邮电部对光缆生产行业进行综合评估，该公司在全国百家同行中名列前茅。

1993年，计算机硕士花欣创立成都迈普电器有限公司，在成都市成华区起步发展，主要从事计算机网络产品、数据通信产品的研究、开发、生产、销售和计算机网络系统集成服务的高新技术企业。公司历时五年，发展成为当时国内最早最大进行基带式高速多路MODEM及多路复用器的研制生产企业之一，也是中国最大私营企业500强之一。1996年列入四川省“小巨人”发展计划企业、成为成都市重点支柱产业31户重点企业之一；1997年荣获四川省第八届优秀企业称号。迈普产品曾获中国爱迪生发明金奖，两次被评为国家级新产品，纳入国家火炬计划，多次获省、市科技进步奖，被评为四川省优秀新产品。

位于成都市外东多宝寺路21号的重庆三峡油漆股份有限公司成都油漆厂，前身是始建于1976年的成都造漆总厂，于1997年2月并入重庆三峡油漆股份有限公司。企业生产的红醇酸调和漆获得优质产品称号，各色醇酸厚浆漆获得铁道部质量认证，工厂已按ISO9000质量管理和质量保证标准运行，以更高的标准规范企业行为，在改革开放中成长为四川省涂料行业最大生产厂家。

改革开放为成华区乡镇工业发展带来了不可多得的机遇，成华区所豁的圣灯乡、保和乡、青龙乡、龙潭乡都跨进了四川省50强乡（镇）的行列，有6个企业进入成都市乡镇企业综合效益50强企业行列，有4个村进入成都市乡镇企业综合实力20强村行列，先后有23名优秀厂长、经理分别荣获国家、省、市乡镇企业家称号，30家乡镇企业分别被列入省、市、区骨干、重点企业。

1999年起，成华区乡镇企业抓住西部大开发的机遇，进入“二次创业”发展阶段，1999年完成乡村集体企业改制195户，2000年完成92户，改制面分别达到84.5%和99.1%，基本完成改制目标，所辖4个乡都建立了乡镇企业集体资产管理委员会。在大力推进体制改革的同时，成华区加大了企业技改力度，发动全区乡镇企业大力开展以新产品开发为重点的技术创新工作，有12个新产品列入成都市新产品开发计划。1999年，有三个项目获成都市乡镇企业科技进步奖。2000年，广林集团的中低压开关柜开发项目被国家经贸委列入国家重点创新项目。

——摘自《激情岁月——成都东郊工业史话》210页至212页

“小社会”的幸福生活

建设路上的自行车潮水

有这样一段电视画面：在辽阔的湿地浅滩上，挤满了数万只火焰般艳丽的火烈鸟，阔大的喙，萌萌的神态，瘦骨伶仃的长腿，密密麻麻，朝着一个方向挨挨挤挤地走动着。这让我联想到了建设路上的自行车潮水。

记录建设路自行车潮水，有一张很有名的黑白照片。这是一个鸟瞰的画面，照片上人人一辆自行车，大约天气比较暖和，人们都穿着轻盈的服装——衬衣或者裙子。照片拍摄的时间应该是在20世纪70

▲ 建设路上的自行车流　王文澜摄

年代末，因为每个人身上的衬衣几乎全是白色的，明显还没有进入穿彩色、个性服装的年代。无数白衬衣的点儿和作为背景的深灰调子的柏油路形成了色彩的对比，让这张照片层次分明，很有观赏性。照片中表现这一天的路上应该非常拥挤，除了少数人仍然骑，绝大多数人都推着车走。这就很像浅滩上火烈鸟的阵势。

老东郊最难以忘怀的是建设路上的自行车潮水。

建设路从猛追湾（今成华公园大门处）起步，横跨一环路，穿过建设大桥，止于二环路口，沿线是工厂宿舍区最为集中的地方，它又是通向城里最主要的通道，每天上下班的高峰时段，就是自行车潮水和人潮“洪峰”奔涌的时刻。进入20世纪70年代末，自行车逐渐成了东郊工人代步的工具。离上班还有一二十分钟的时候，是争分夺秒的上班时间，此时，来自四面八方的自行车流和人流，陡然间会在建设路上汇成暴涨的“洪水”。这个时段，建设路的各个角落会被匆忙赶路的人群和自行车塞满，只有极少的公交汽车仍在潮水中蜗牛般地爬行，别的汽车根本不敢问津。各式各样的自行车，轮靠轮，车挨车，从西驰到东，其景象极为壮观。等到人们进入各自工厂，八点之后，建设路便归于平静。傍晚六点钟下班时间一到，自行车流和人流又从每个工厂闸门似的大门涌出，汇集到建设路来。慢如蜗牛的公交汽车的喇叭声，喧闹的人声，自行车的车铃声，响成一片。此时，最怕出现意外，一旦某辆车骤然一捏刹车，将引起多米诺骨牌般的连锁反应，噼里啪啦地倒下一大串。因刹车而引发的笑话很多，其中的一则是：亚光厂有位新进厂的姑娘，在建设路上的车流中摇摇晃晃地骑行，忽然间控制不住，眼看就要栽倒，她下意识地伸手就将旁边的小伙子一推，小伙子差点摔倒路上，窘得满面通红，忙将双脚踩地。姑娘一句“稳不起了”，让小伙子的心头顿时就欣慰了。等到晚上七点之后，建设路才会重新归于平静。

从东郊走出的著名作家、评论家张义奇，在建设路上生活了三十多年。他说他“非常欣赏这人车涌动的洪流，它排山倒海一般雄壮的阵势，就像是一支那个时代工人阶级最嘹亮的歌：‘我们走在大路上，意气风发，斗志昂扬……’”

建设路上的自行车潮水是时代打下的鲜明印记，是老东郊人心目中永远的诗情、永远不老的蔚蓝色。无论他们走到哪儿，只要一想到建设路上的自行车潮水，心里总会涌起一股温馨的情感。

男女青工的爱情之歌

在“东调”之前，成都东郊这个老工业基地大约有职工及家属超过40万人，占当时成华区和锦江区人口总数的40%以上。这么多的职工，在20世纪五六十年代的时候大部分还是年轻人，那么，他们的“个人问题”（婚姻恋爱问题）是怎么解决的呢?

当年，在当上工人之前，他们中的很大一部分人是农村初中刚毕业的学生娃娃，或是老家在农村的退伍军人。因为考虑到在大城市娶媳妇难，还要考虑照顾家里日渐老迈的父母亲，有的人就在老家娶了妻。这些与工人结婚的女子，无论在政治身份、经济收入和舆论上，都成了村里人羡慕的对象。但两地分居，鸿雁传书，其中的甘苦和不便外人是难以体会的。

于是很多人就想在城里找个老婆。鉴于信箱厂的婚姻审查制度，不管是男工还是女工，许多人就想在本厂或在东郊的其他厂找一个对象。为了解决职工们的“个人问题”，厂领导下指示，各个军工大厂的团委和工会都没少出力，他们与周围的民用厂、医院、贸易公司等单位建立关系，给双方的青年开展联谊活动牵线。许多年轻工人能够建立满意的家庭，团委和工会功不可没。现在回头去看，解决“个人问题”卓有成效的办法是办集体舞会，其成人之美的功德不亚于每年七夕在天河上搭桥让牛郎织女约会的喜鹊。

东郊知名作家杨传球先生写过一篇美文，叫《东郊情歌》，把东郊工人的婚恋约会写得十分传神。为了写这篇文章，他专门采访过同厂（107信箱）的一位退休老同志。这位老同志告诉他，当时，川棉一厂（四川省第一棉纺织印染厂）鼎盛时期职工人数达到一万多人，女工就占了65%以上。大家都喜欢把川棉的工人称为“纱妹儿”。“纱妹儿”这名字透露出军工厂的年轻男性对于异性姑娘的向往，“纱妹儿”无形中成了他们找对象的首选。

早在1962年，两家厂工会基于同样的原因，一拍即合，就建立了紧密联系。两厂之间多次在节假日或者周末举行联欢会，所有参加者都是未婚的年轻人，主要内容就是男女沟通谈心，跳跳交谊舞，或者表演一些小节目。可别小看这样的联谊会，它无形中促进了青年男女的交往，让他们有机会近距离接触，许多人以后便会渐生情愫。

当年，川棉一厂团委为了解除女职工的婚姻难题，热衷于轮番找东郊其他工厂结对子，大搞联欢会，合办舞会，通过这种社交形式，最后在东郊找对象结婚的女职工人数占到八成以上。

当年，东郊除了工厂还是工厂，并没有一个供恋人花前月下的公园。但是，青春的心儿天生需要浪漫，热恋中的一对儿天生会找地方谈情说爱。

恋人们的首选是沙河边。当年的沙河为恋人们提供了许多便利：它是自然河道，河岸曲曲弯弯，时起时伏，岸边栽满了梧桐等乔木，灌木丛和野草也长得茂盛，而且岸上又没有路灯，恋人之间即便有什么亲热的举动，也不大容易让人发觉。沙河从踏水桥穿过建设路流到

▲ 建设北路二段　1980年代初期　刘开诚摄

麻石桥，连接着沿岸的电子科大、68信箱、107信箱、6信箱、7信箱、35信箱、253信箱、106信箱、川棉一厂等工厂的宿舍区，下班以后几乎抬脚就到，给这些大厂的恋人们提供了方便。另外，人都具有亲水性，沙河的落差较大，流水滚滚，四季风光如画，确实是恋人们谈恋爱的最佳场所。

黄昏的时候，一对对的恋人就悄悄来到沙河边，寻一个僻静处，面对一河碧波，相依相偎，说着绵绵情话。等到天一黑下来，恋人们就变得不安分起来，有大树和草丛的遮掩，只管大胆地接吻拥抱。

除了沙河边，猛追湾游泳池是另一个谈恋爱的好地方。这儿离沙河比较远，在这里谈恋爱的以82信箱和69信箱的青年男女居多。当年的游泳池，有小树林，有栽满鲜花的花圃，环境优美宜人。它之所以被东郊青年工人喜欢，还有一个优势，那就是近。游泳池为了方便东郊职工，专门在游泳池后门与猛追湾东岸设置了一个渡口，每天用一条木船摆渡。这条木船从早上九点开始摆渡，等到晚上八九点钟游泳池关门，它才收渡。免除了走2号桥多绕两三里路才能进游泳池的不便，并且这个渡口收费便宜，游泳池门票附带船费收三分钱，出游泳池只收一分钱。每天黄昏，工人们吃过晚饭的时候，也就是渡口最繁忙的时候。遇到游人多时，猛追湾渡口便会排很长的队等待过河。1969年，政府顺应民意，在府河上游泳池后门那儿架起了一座木头便桥，渡船才停开。

据杨传球先生介绍，东郊还有一个谈恋爱的好地方，那就是东郊体育场。当年的所谓东郊体育场就是一个很大的土坝子，并无围墙，条件十分简陋，除了主席台，几排水泥条凳，周围并无层层叠叠的看台，全部体育设施，就是两个足球球门、两副篮球架。它的作用就是逢年过节时举办几场比赛，平时有事情时在这里召开大会。说它是体育场，其实它更是小孩们的游戏天地，他们忙于捉迷藏、滚铁环、偷营……玩得满头大汗。下班以后，这里就成了年轻恋人们的学车之地。年轻姑娘搭在小伙子自行车的后座上来到这里，然后在小伙子的保护下开始学骑自行车。小伙子的那份周到，那份体贴，还有那份时不时的眉目传情，让旁人一看就明白两人是在热恋中。

在体育场的背后，是一片人工种的小树林，小竹林郁郁葱葱，环境清幽。每个周末的黄昏，恋人们都喜欢去那儿漫步，去那儿表达爱意。

成都东郊处处留有恋人们爱的踪迹，无论是老的沙河电影院，看坝坝电影的现场，机声隆隆的车间，还是在上下班的路上，都曾经有过恋人们温馨的微笑，深情的对视。正是爱情的魔力滋润了这个貌似枯燥的国防工业基地，让这些来自祖国各地的建设者扎根异乡，心甘情愿地为祖国的国防工业抛洒汗水。

宿舍区娃娃的快乐日子

成华区公安分局新鸿路派出所所长名叫朱谷川，出生于1966年，是东郊工人的第二代。朱谷川戴着一副无框近视眼镜，眼睛圆而有神，他具有职业本能养成的机警与干练。一旦谈到儿时的顽皮，他会笑得非常开心，他不笑的时候眼神锐利，笑起来却像一个大男孩。

当年没考上大学，他本来已经像一般东郊子弟一样，顺理成章地读父辈工厂的技校，准备进厂当一名人人羡慕的东郊工人。但他从小就喜欢穿军装，想报名参军家里又不准，因为他是独子。岂料天赐良机，1989年成都市招头一批巡警，指定从退伍军人、应届毕业生和在职职工中招收，他考上了，去警察学校培训了两年，当了一名警官。这是一个热血的人，一个东郊情结很深的人，他对于怎样在历史的夹缝中留住成都东郊工业文明的记忆，乃至开展成都东郊工业文明的旅游，都有自己的想法。

朱谷川的父亲叫朱明庆，1936年出生，祖籍江苏无锡。朱明庆毕业于南京航空学院雷达专业，于1956年分配到成都，后来成为784厂（锦江电机厂、107信箱）的高级工程师。

朱谷川出生三个月后，他奶奶从江苏过来把他接回了老家。他们江苏老家的传统风俗很强势，他家从爷爷到他是三代单传，因为他是儿子，他奶奶执意来到成都，把他接回老家去养育。一直到他七岁时，他爸才接他回来上小学，刚读了一年，他奶奶又把他弄回了老家。他奶奶去世后，就由姑妈带着他。那时候厂里派他爸到复旦大学进修电子计算机。1976年7月的一天，他爸回老家看他。他当时已经在读四年级，他爸发现他太受宠了，都那么大了，居然还不会扣纽扣，不会系鞋带。这怎么能行呢？可他姑妈继承奶奶的遗志，坚决不允许把他带走，他爸和姑妈吵得很凶，结果还是把他弄回了成都。

他十岁这一次回来，已经懂事多了，对东郊宿舍区生活的感情就慢慢深了起来。他在老家过的是衣来伸手、饭来张口的生活。在这边白天一上班，宿舍区就只剩下娃娃。父母早上上班之前，把饭菜票发给他，中午由他自己解决，放了学就直接去食堂打饭，开始过独立生活。

那个时候，工厂的宿舍区相当于一个“小社会”，就是找对象都不大可能找出去。朱谷川一家住在完全是苏式建筑的八街坊。八街坊比较大，从现在的建设巷一直到几百米外的沙河边，都是107的宿舍，起码有好几十栋宿舍楼，全都是三层楼的房子。这个宿舍区功能齐全，像灯光篮球场、露天电影坝、礼堂、医务室，子弟校（含小、中学）、幼儿园都有。

宿舍楼房子的屋顶是坡屋面盖的瓦，外墙是没有抹面的红砖墙。是按一户住一个单元设计的，地坪有的是木地板，有的是水泥地。修得早的，比如靠近八街坊大门的那些宿舍楼全都铺的是木地板。他父亲1956年来的时候，铺木地板的宿舍楼刚刚修好，他们竟可以一个人住一个单元。苏式房子很气派，完全按照苏联人的习惯，开间很大，小的十多个平方米，大的二十多个平方米。朱谷川一家住的那个单元就有四个房间，有厨房、厕所、洗澡间，后来厂里的人愈来愈多，就住进了几家人，厨房、厕所、洗澡间都由几家人共用。厕所是水冲式的抽水马桶，厨房里烧煤，到了20世纪70年代末期才烧的天然气。所有人家的家具都是厂里发的，一模一样，桌子、板凳、柜子、床都刷的清漆，露出原木的木纹。每户人家自己的家具就是箱子，皮箱、木头箱、藤箱都有，每家屋里都重叠了一摞箱子。家境好点儿的，箱子要大些，皮箱要多些，箱子也就重叠得多些。

那个时候，除了107的党委书记、厂长、军代表是一家人住一套单元房以外，其他人几乎都是一套单元房住几户人家。无形中就成了大家庭式的生活，哪户人吃啥子，大家都晓得，哪户弄点好吃的，也要请左邻右舍尝点儿。

一套单元房的厨房只有一个水龙头，但各家都有一个蜂窝煤炉子。那个时候，学生娃娃下午放学后的第一件事情，就是揭蜂窝煤“轴轴”（注：封煤眼的螺钉状的盖子）。具体做法是，先把炉子上温着水的铝锅端开，把蜂窝煤炉子的“轴轴”一一揭了，再把水端上去，蜂窝煤慢慢就会烧起来。这是父母每天上班前给子女交代的任务。到了朱谷川上五年级的时候，父母就给他加了个任务，放学回来揭了蜂窝煤“轴轴”以后，还要把饭蒸上去，等他们下班回来时饭就蒸好了。那时时兴学雷锋，如果他放学以后先回家，他就把厨房里所有蜂窝煤炉子的“轴轴”都揭了，然后就在作业本上记起：今天做了一件好事，帮大家把蜂窝煤“轴轴”揭了。朱谷川也有搞忘的时候，但同单元住的四户人，始终有回来得早些做这件事的娃娃。

宿舍区娃娃调皮的花样多，那个时候最喜欢做游戏，有时也打架。宿舍区这几栋房子的娃娃跟那几栋房子的娃娃之间打架，还有宿舍区跟宿舍区之间打架，比如107跟建设路对面的106（即106信箱、773厂）的娃娃，要打架，对方是不许跨进他们这个区域的。娃娃们调皮捣蛋，比如放人家自行车的气，用注射器给人家的鸡打针，等等。那个时候一上班，宿舍区就只剩一些老人，其余全是娃娃。八街坊的宿舍楼都是砖木结构的，房顶都是木结构的穿斗式排列。三楼是木条钉的天花板，房顶与望板之间有个不小的空间，并且整栋楼的空间是连成一片的。几个小家伙，先翻上望板的横梁，再掀开别家的天花板，跑到别人家屋里去玩。

宿舍区调皮的娃娃有两类。一类就是些半大不小的娃儿，还有一类就纯粹跟外头的“街娃儿”一起耍的。那个时候，信箱单位的宿舍区娃娃都很提劲，认为自己是正宗，看不起那些“街娃儿”。“街娃儿”就是东郊人喊出来的，是一种鄙视的称呼。作为回应，“街娃儿”们反称东郊宿舍区的娃娃叫“厂娃儿”“区娃儿”，后来，索性将东郊宿舍区的娃娃和机关大院的娃娃统称为“区娃儿”。为什么？信箱单位是全民所有制的国防大厂，是正宗工人阶级，很令人羡慕，一个娃娃从出生到就业，不用操一丁点儿心，只要你是出生在这个单位里，娃娃肯定是有工作的。还有，信箱单位的福利比较好，“街娃儿”连饭菜票都认不到，因为吃不到食堂，只有回去吃。“街娃儿”的父母工作单位大多不是很好，多是些街道企业，工资就要低得多。即便是宿舍区娃娃成绩好考上了大学，父母挖空心思也要把他们弄回信箱单位上班。

宿舍区的娃娃基本上过的是军事生活。八街坊宿舍区只有外面一圈围墙。那个时候的娃娃读书不辛苦，基本上下午三点钟就放学了，这下宿舍区就成了娃娃的天下。大娃娃带小娃娃要，八街坊几百个娃娃，在里头鬼蹿。这些娃娃分成好几拨，比如灯光球场这一片的是一拨，电影坝、医务室那边又是一拨。但如果是针对外头的，就一致对外了。玩要的时候，就是这个区域的经常在一起要，小点儿的娃娃就跟本宿舍楼一个单元的娃娃一起要。那个时候，朱谷川就是他们这个单元的娃娃头，带着十几个娃娃打游击，到处要，暑假他就带他们跑到沙河里头游泳。

宿舍区的娃娃头儿是自然形成的，比如，灯光球场这一片有一两个大的娃娃，他只需把各个楼的"栋长"娃娃招呼到就行了，实际上在做游戏时就已经把各人的位置固定了。某个娃娃活跃一点，有号召力，鬼主意多，晓得带动娃娃咋个要，自然这拨娃娃就以他为中心。哪怕有人岁数比他要大点，但他脑袋比其他人灵活，那这些娃娃就会围到他转。朱谷川的"栋长"就是自然形成的，他家只有他一个娃娃，他爸经常去上海出差，带些糖果回来，屋头饼干、糖要多些，有时候就要拿给他手下的娃娃吃。还有他爸的同学多，他爸的同学出国——那会儿出国主要是到阿尔巴尼亚、朝鲜、埃及，也要给他带糖果回来。他爸去阿尔巴尼亚出差回来，带回来的是啥？是阿尔巴尼亚的汽水和香烟，是面包干，那个时候，很多成都人连面包都没见到过。

他们爱玩打游击，也爱玩有赌博性质的游戏，赌"鸭脚板儿"、子弹壳儿、玻璃弹丸儿。他们要的玩具有的是跟工厂有关系的。电焊机厂生产电焊机的边角余料，一小片一小片的，很成形，这叫"鸭脚板儿"。82信箱生产电阻的废料，小的，圆的，一颗一颗的。还有烟盒子、糖纸等。赌的时候，用嘴吹，用手拍，或把“鸭脚板儿”在手板心头叠一摞，往上一抛，翻手去接，接多少都是你的。还有赌纸条子，把家里的毛选（《毛泽东选集》）偷出来，一张张地扯下来在手心里叠好，把它甩起来，又用手把它挖回来，相当有技巧。还有划（剖）甘蔗，把甘蔗立在地上，一刀一刀划下去，划成一根根的甘蔗条子。

他们自己动手做的玩具也不少，自己拿木头削枪；拿轴承做滑车，自己坐上去，叫人推起走；自己做甩炮儿——在炉子上把牙膏皮熔化成锡液，在子弹壳里头灌上一截，绷根橡皮筋，套根钉子，再在子弹壳里灌点火柴头上剥下的药，倒过来一甩，就“砰”的一声响了；自己拿自行车的废链条做火药枪，等等。那个时候，像他是独生子女都没有管，更别说那些有几姊妹的了，基本上是放养的。

宿舍区围墙的北边就是电子科大，当时有人把围墙敲了好些豁口，可以随便蹿，他们就经常蹿到电子科大那边去，去它的主楼实验室，拿那些做实验的玻璃器皿来耍。耍得无聊了，有时在宿舍区或者爬烟囱，或者爬水塔。那个时候，洗澡一般都是在宿舍区的大澡堂，这些读书的娃娃都喜欢到澡堂里头去洗，去打开水龙头玩闹。建设路踏水桥旁边的一座老桥，现在只剩下几个桥墩了，那儿当时就是他们的跳水台。每到夏天，父母经常到那儿去逮他们。只要发现小孩不在了，就马上到那儿去找人，因为那儿每年都要淹死人，有跳下去就再没有起来的。那儿的水有四米多深，主要是漩涡多，越是这种地方，你跳下去浮起来就越是提劲。

跟外头的娃娃打架，比他们大的娃娃就冲在前头，朱谷川也不甘落后，就提两匹砖紧随其后。有段时间经常跟外头的娃娃打架，都不晓得为啥子，比如说他们正在要，忽然有人说，走，沙河边川棉厂的娃娃在那儿打人……大家“呼”的一声响应，提起脚就走，一下子就赶过去了。但给他的感觉是，去的人愈多，对方的人也很多，这个架愈打不起来。真正打起来的，人很少。

那时候，宿舍区十五六岁的娃娃基本上就是大哥了。比他们大的全部下乡了，回城后又全部进厂了。每年一到春节，那些十五六岁的娃娃就规矩了，就不开腔了。为啥呢？当农民的那一拨回来了，知青回来了，都是出去见过大世面的，他们那会儿都是用崇拜的眼光看他们。回来的“操哥”些穿的都是纯毛华达呢，里头是穿了几层的“金兔”毛衣，挂个白口罩，骑个凤凰26自行车。这种车当时很不好买，又相当流行，他觉得那会儿骑那个，比这会儿开宝马奔驰都提劲。有这种操法的，或者是家庭条件相当好，或者就是抢人家的。

那个时候，“操哥”穿纯毛中山装必须要翻一截袖子，皮鞋流行穿“满天星”。那个时候“操哥”的标准配置是：一身蓝色的纯毛华达呢，大裤脚，头戴呢军帽或布军帽，脚蹬甩尖子（接尖）牛皮底皮鞋，后跟钉马掌，前脚尖钉一排圆头鞋钉。一行人一式打扮，走到街上很拉风，哼哼哼哼哼，简直就像电影里的党卫军来了一样。

宿舍区分厂矿宿舍区和军区大院。宿舍区里头，有很多娃娃的父亲是转业军人，家里留了很多过去军队的东西，可以拿出一整套五几年的校官装备，包括大檐帽、武装带、领章、肩章。有的“操哥”家庭社会地位比较高，有的纯粹是街娃，他们绝大多数是待业青年。

“操哥”在20世纪60年代就出现了。“文化大革命”中，东郊这一带的“操哥”们最喜欢在沙河电影院门口集中，在那里鬼旋，摆造型炫耀。他们在本地不大惹事，但在外面要惹。他们都有一定的势力范围。东郊这边，宿舍区也有小贼娃子，不好好读书，家里也比较穷，他们叫烂娃娃的，在宿舍区偷东西。那个时候有啥子好偷的嘛？哪儿晾有军裤，就偷偷去顺走。烂娃娃如果要摸包包，就到百货公司、汽车站这些地方去摸。

宿舍区的治安状况是比较好的，管得比较严，门卫对这个宿舍区的人一目了然，那会儿也没有外来人口。其他宿舍区的一跨进他们宿舍区，他们一眼就能看出。每到放坝坝电影的时候，其他宿舍区的娃娃要偷偷翻墙进来，107宿舍区的娃娃就自动成了治安巡逻，还要进行清场，把外来娃娃轰出去，他们的势力范围不容其他宿舍区的人踏入。如果某个厂要大些，人要多些，那么在东郊的势力就要大些。比如他们到对面106去，106的娃娃不敢惹他们，他们背后电子科大的娃娃也不敢惹他们。整倒一个，他们就有几十上百个娃娃赶过去。

那个时候就是纯粹自己寻开心，父母几乎从不给孩子买玩具。据朱谷川回忆，那个时候要的带点科技的，是他父亲教他装半导体收音机。拿个肥皂盒子，把二极管、电容器这些零件固定在盒子里，就能收到电台播音了。那会儿一般都是自己装电视，买的是红光的示波管，朱谷川家最早装的电视机，屏幕只有饭碗大，图像还模模糊糊的，都觉得非常巴适。他奶奶过生日的时候，他爸爸买了第一台电视机送她，是台上海造的9寸的黑白电视机。那时电视台一晚上只播出一个多小时的节目。

那个时候，父母给娃娃发饭菜票，打饭一般是一荤一素，8分钱就可以买份儿萝卜烧肉，或洋芋烧排骨。几个娃娃经常“打平伙”，约好你买一样菜，他买一样菜，还要从屋头偷点酒。打平伙的地点随时都在变，食堂周围的角落，食堂旁边的水塔顶上，钻到单元楼的天花板上去吃。有时候又在同学的家，反正父母不在，随便整，完了把同学的家打扫得干干净净的。那个时候的娃娃很合群，不小器，偶尔闹点儿矛盾，也是要游戏闹别扭了，很快就过了。他们要游戏，打游击，抓特务，逮猫儿。女娃娃自己耍，一般不跟他们男生一起耍。为了不让她们告发他们，就要送点小恩小惠，给她们颗糖呀，给喜欢集糖纸的送几张糖纸呀。

朱谷川的感觉，那个时候生活过得很简单，但是很有乐趣，很自由，现在的娃娃简直没法相比！

特殊年代的坝坝电影

在计划经济时代，成都东郊与全国一样实行的是每周六天的工作制，每到周末晚上，东郊这块热土便分外热闹，因为这天晚上是各家大厂看露天电影的好日子。露天电影往往在各厂宿舍区的最宽敞的坝子放映，俗称坝坝电影。当年的坝坝电影是东郊工人阶级的集体大狂欢，是东郊“小社会”幸福生活的体现。看电影原本也不算什么稀奇事，各家大厂都有俱乐部，俱乐部每周总会放两三场电影，五分钱一张票。但是露天电影是免费的，包括厂里的和厂外的，什么人都可以看，只要你能够进入放电影的坝坝。每到周末，各个厂同时放坝坝电影，如果遇到新出的热门电影，各个场会同时放映。放映点众多，胶片却只有一部，就由各厂俱乐部派出的跑片员在各工厂之间穿梭跑片。

1972年，国内电影除了样板戏还是样板戏，故事片极少，但是幸好还有阿尔巴尼亚的“枪枪炮炮”和朝鲜的“哭哭笑笑”类电影。某个周末，忽然传说当晚要在107信箱宿舍区放映朝鲜的反特故事片《看不见的战线》。那时的反特片相当于现在的谍战片，是人们最喜欢的一种类型片。当晚要在107信箱宿舍区放反特片的消息不胫而走，六点钟不到整个放映坝便人满为患，并且大部分都是外厂的工人、家属，而人潮还在滚滚拥进。该厂的俱乐部主任吓坏了，生怕闹出安全事故，就广播说，同志们不要听信谣言，今晚没有电影，严防阶级敌人破坏捣乱！但是观众却置若罔闻，人潮照样不断拥入。无奈之下，厂保卫部便关上大门，只留个小门，凭本厂工作证出入。外厂的人见无法从正门进，又从后面的小门强行进入。眼看场面失控，俱乐部断然广播宣布今晚电影取消。连续广播十多遍，观众才无可奈何地相继散去。

岂料当晚十二点过，人们早已进入香甜的梦乡，却被铁皮广播筒传出的喊声惊醒："起来看电影啦，《看不见的战线》！"如果是今天，恐怕响应者寥寥。但是职工们居然纷纷起床，抱着孩子，抬着凳子，去放映现场抢占位置。为了杜绝外厂的人拥入，特意将放映场地改在宿舍区后面的灯光球场，前门后门通通上锁。看完电影，已是凌晨两点过，但大家都觉得很值。由此可见坝坝电影的魔力。

看坝坝电影就离不开占位子。星期六一大早，占位子的行动就拉开了，高高低低的板凳、椅子在露天放映场地上排得满满的，先来的，看正光，板凳摆在正面；后来的，只能看背光，板凳摆在银幕后面。一排排椅凳看似密密麻麻，其实秩序井然，谁是谁家的座位，各人心中有数，一目了然。只有占好了晚上看电影的位子，上班的人才放心，上学的人才安心。当年，三机部一位领导到719厂视察，白天路过露天放映场时，忽然看见极其壮观的板凳、椅子阵，不免诧异。一问，才知道原委，有感于职工对看电影的渴望，当即拍板，资助该厂修建新俱乐部。

“特区”内的业余生活

成都东郊是中国三大电子工业基地之一，曾经是不许外国人擅自进入的军事工业特区。在这个特区里，既有紧张有序的上班时间，也有丰富多彩的业余生活。各家工厂都有俱乐部、图书室、灯光球场，还根据个人的爱好和特长，组建有文艺宣传队、业余球队、文学组、美术组、摄影组、书法组等等。晚上七点半以后，职工们吃过晚饭，或者来到建设路上逛街，或者到灯光球场看篮球比赛，或者去图书室静静地翻阅图书，或者去俱乐部看电影。当然，最让人期待的还是周末晚上的坝坝电影。

那时候，东郊特区的工人政治地位高，而文艺演出又要求必须为工人阶级服务，在这种政治背景下，东郊工人享受的高水平文艺演出

▲ 建设南街　刘开诚摄

的机会自然就比较多。且不说省、市一级的文艺院团，像省人艺、省曲艺团、成都市川剧团经常来演出，甚至成都军区的战旗文工团，中央院团也是东郊特区的常客。当时中国著名的女高音歌唱家刘淑芳、男高音歌唱家胡松华等名家莅临东郊慰问演出；喜剧电影《瞧这一家子》在沙河电影院举行首映式，担纲演出的陈强、陈佩斯父子近距离与观众见面，让广大职工很是激动。

职工球赛最受欢迎，于是东郊各厂经常在各厂的灯光球场轮流举行厂际篮球比赛。除了厂际比赛，各家工厂内部还喜欢举办各个车间科室之间的篮球比赛，一年到头乐此不疲，晚上的灯光球场灯火通明，热闹非凡，成了最吸引人的地方。要进行足球赛，就得到东郊体育场去。东郊体育场位于现在的猛追湾成华公园至一号桥之间，是一个开阔的土坝子，全部体育设施就是两个足球球门和两副篮球架，是打球赛的好地方。

东郊各家大厂职工业余文学、美术、摄影、书法等创作活动之所以开展得蓬蓬勃勃，培养出了不少文学艺术创作人才，首先是作者个人和各厂的工会组织很努力，其次，是成都市群众艺术馆、成都日报社对业余作者进行的创作辅导尽心尽责。尤其让当年的业余作者难以忘怀、心存感恩的辅导老师，是成都日报社的副刊编辑萧青、周围等老师。他们经常下厂，直接指导工人文学作者的创作，经常召集作者对一些有希望的稿子进行点评和修改。从784厂走出的知名作家杨传球至今还记得，他于1972年4月发表在《成都日报》副刊的处女作——散文组诗《车间速写》，就是在他们的指导下反复修改后，并由杨传球自己画插图发表的，正是这篇作品的发表，给了他创作的信心和勇气。

老东郊的不少业余文艺家都是在成都日（晚）报社文学副刊编辑老师、成都市群众艺术馆老师的指导下成长起来的。他们辛勤耕耘，日渐成熟，其文学艺术作品每每在厂报副刊刊载。比较知名的工人作家有：从715厂走出的诗人、《星星》诗刊副主编刘滨，从719厂走出的小说家、《青年作家》副总编火笛，从420厂走出的诗人黄万里和白杨树、小说家贾万超，从成都电焊机厂走出的小说家、散文作家王金泉。后起的知名文学艺术家有：客居东郊二十五年的小说家、散文作家、四川文艺出版社编审林文询，从719厂走出的作家、评论家张义奇，从784厂走出的小说家、油画家杨传球，从轴承厂走出的儿童文学作家王良谨，著名书法家、四川省书协副主席蒲宏湘，从川棉厂走出的著名书法家、曾任中国书协秘书长的刘正成，从川棉厂走出的著名中国画家、电子科技大学兼职教授向维果，从773厂走出的民俗画家戴树良，从机车车辆厂走出的“有代表性的川派剪纸”艺术家赵幼兵，等等。他们的作品曾经在社会上产生了较大的影响，这也是东郊工业文明的一道亮丽的风景线。

20世纪80年代末，四川省总工会为了扶持工人业余文学创作活动，发起成立了四川省职工文学艺术基金会，东郊企业又成了其中的主力，大部分工厂都参加了基金会。文学艺术基金会成立后，举办了两届全省职工五一杯文学大赛活动，出过一本文学作品选集《冲出夔门》，举办了全省职工美术摄影书法展览和多次文艺会演。为提高作者的创作能力，还举办了文学研讨和笔会活动。省总工会的邹自立（原为四川制药厂的工人诗人）为此做了大量工作，著名作家周克芹、孙静轩、唐大同、流沙河、林文询、张新泉等老师作为基金会的顾问，多次为工人作者讲课、辅导，也为培养工人作家付出了不少心血。周克芹就曾担任四川省第一届五一杯文学大赛的评委，还专门为该大赛写了评论。[①]

除了文学创作，东郊工人业余的美术、摄影、书法活动也很活跃，各工厂还经常开展美术、摄影、书法展览，成都市群众艺术馆的老师吴耀玲、谢梓雄，成都日报社的老师张宏奎、白志忠，文化宫的贾兴桐经常下厂指导职工美术创作。1984年5月，107信箱与西安的黄河机器厂、宝鸡的长岭机器厂组织跨省的三厂美术、摄影书法、联展。文化宫、市群众艺术馆大力支持和辅导，文化宫和群众艺术馆还无偿提供展出场地，《成都日报》进行了宣传报道，选发了部分作品。

在市群众艺术馆和文化宫的推动下，107信箱与69信箱、82信箱、电焊机厂、石油总机厂、川化等厂举办过多次联展。

当时全国的军工企业在时任国防部副部长张爱萍的倡导下，成立了“神剑文学艺术学会”，张爱萍将军被选为会长。在举办联展前，杨传球等人斗胆想请张爱萍将军为展览题词，并以三厂工会的名义给张爱萍将军写了一封信，请107信箱的机要收发室寄了出去。半个多月后，厂机要室交给了杨传球一个大信封，信封是牛皮纸做的，足有半张报纸那么大，左边印着“中国共产党中央军事委员会缄”的大红字，中间的红框里用毛笔写着：杨传球同志收。同事们都感到惊讶。抽出信瓤一看，果然是张将军的题词：“神箭冲天九万里　祝贺锦江、黄河、长岭三厂美术书法摄影联展开幕　张爱萍”，用笔苍劲有力，字体奔放，众人都激动万分。后来，展览在成都市文化宫开幕，张将军的字就挂在展厅进门处。

---

① 杨传球：《禁区内的文化生活》，《沙河风》，2018年第3期。

“小社会”包干一切

在成都东郊最辉煌的年头，一号桥（今红星桥）、二号桥（今新华桥）、东风桥的桥头，巍然耸立着庄严的水泥警示牌“外国人未经许可不准超越”，显示着成都东郊这个军事工业区的特殊性。成都东郊究竟有多特殊呢？我们不妨来看看老东郊人的幸福生活。

那时候，职工的孩子从一生下来就可以进婴儿室，之后上幼儿园，上小学、中学，直至上中专，甚至上大学，都可以不出厂门，并且大学的文凭还是部里颁发的。当然，1977年恢复高考，厂办大学的美好时光也就宣告终结了。这就是“小社会”完整的子弟学校现象。那时候，生了病，有本厂的职工医院；要购物，有本厂服务公司办的商店；要娱乐，有本厂办的俱乐部和文工团；喜欢体育的，还有本厂办的篮球队、足球队、灯光球场；喜欢进行文艺创作并且又有天赋的，厂工会会努力地栽培你。东郊人自嘲说：除了没有火葬场、殡仪馆，工厂的“小社会”什么都有。人们在这个“小社会”里生活，在这里长大，在这里恋爱、结婚、生子，在这里干到退休，在这里养老，也在这里回忆往事。他们凭着技术和力气在这里苦干，这里也为他们提供生活上的一切。

那时候，老东郊的每一个大厂都是相对封闭的“小社会”，企业包干了职工的一切，包干了职工的生老病死，甚至包干了子女的工作。影响所及，一些地处东郊的地方国营工厂也不甘落后，“小社会”成了一种时代气息独具的模式，成了老东郊的一种时尚，一种让老东郊人沉醉至今的文化风景线。

那么，什么是“小社会”呢？

“小社会”是相对于特区外的大社会而言。形成“小社会”的基本条件是，它们都是国务院某个部直属的大型军工企业，都是正师级或以上的单位，其党委书记、厂长、总工程师都是国务院相关部委直接任命的。形成“小社会”最重要的原因有两个，其一是计划经济体制，工厂出的产品是皇帝的女儿不愁嫁，无须进入市场，由国家的计划会议分配，制造产品的原料也是由国家分配；其二是鉴于当时国际形势的大背景所强调的保密性。严格的保密性造成了这些军工大厂的封闭性，在20世纪80年代中期以前，这些工厂的管辖权在部里，地方政府无权管理。在相对封闭的“小社会”里，过自己优哉游哉的幸福生活。

从20世纪50年代到70年代，各家军工厂的工资都要高人一等，比如二级工的工资，每月是39块，并且每月还要拿保密费，而外面的二级工则只有35至36块。由此形成了军工厂职工“高人一等”的优越感。还有，这些厂的劳保福利待遇都特别好。以420厂为例，即使在三年“困难时期”，420厂照样给每个职工分梨子、分带鱼、分土豆、分烤火的焦炭，等等，那都是利用直通到厂里的火车专用线，一车皮一车皮拉回厂的。上班时间，职工们拿着牛皮纸、废报纸去分食品，每个人分上五斤土豆、三斤带鱼，这在一个月只能供应一斤猪肉、四两菜油的时候，是多大的实惠，多强的优越感啊！愈优越就愈封闭，就很少和市里来往。

420厂体量最大，工人最多，是中央在川的特大型军工企业，是成都东郊唯一的军级单位，看守工厂大门的是解放军的一个连队，被东郊人戏称为“东霸天”。“东霸天”的“小社会”功能最为齐全，也最为典型。该厂的职工和家属加在一起，有6万之众。如此庞大的人口基数，相应的设施也最多。在该厂的宿舍区，设有3家职工医院和3个食堂，3所幼儿园，2所小学，中学、职工大学、技工学校和职工培训学校各1所。工厂不仅办了文工团，还办有管弦乐团、合唱团、老年秧歌队等。工厂办了厂报《成发报》、广播站、《双燕政工》等宣传载体，还于1992年底开通了成发电视台。设在宿舍区临街处的厂工人俱乐部，不仅有售票的电影院，还有层层看台环绕的灯光球场。灯光球场是多功能的场所，春秋两季举办运动会时，是体育赛场；周末，是有乐队伴奏的露天舞场；节假日，是厂演出团体的文艺节目表演场。

老东郊这些文化活动异彩纷呈，它不仅丰富、充实了职工的文化生活，陶冶了人的情操，而且增强了工厂的凝聚力，体现出东郊工业文明的独特光彩。

辉煌东郊成记忆

“屠宰状元”的发明之路

成都东郊有个大名鼎鼎的成都肉类联合加工厂，它的前身名叫冷冻厂，位于现今府青路立交桥下。它是苏联援建的重点工程的子项目，具有9000吨的库容量，1956年筹建，1959年投产。冷冻厂有一位名叫张德元的屠宰工人，是一个大名鼎鼎的人物。

有一张发黄的老照片记载了张德元曾经的辉煌。黑白照片摄于1956年5月的中南海怀仁堂，那是毛泽东主席与数百名“全国工业交通运输基本建设财贸方面社会主义建设先进工作者大会”的合影，其中就有三十来岁的张德元，风华正茂。如果去张德元家做客，一进大门，一扭头，就会看见一个长长的老式镜框，里面嵌着那张老照片。

“屠宰状元”这个特殊的称谓缘自一次特殊的会议。这是1956年的早春，成都市食品公司在公司的屠宰西站搞了一个技术革新成果汇报会，市上的主要领导都光临了。这天汇报的内容，是采用张德元的一系列发明，表演宰杀一头猪的全过程，并采用对比表演的方式。这天唱主角的自然是张德元。只见他披挂上阵，在笼子里将一头大肥猪用电击麻翻。之后把它运送到操作台上，表演疾如闪电的小刀放血。再瞬间以压力吹猪器将猪打得气鼓气胀。然后，用五子剥皮刀生剥猪皮。接着，另一名工人上场，以全国推广的青岛剥皮法，表演生剥猪皮。两相对照，青岛剥皮法耗时长，剥下的猪皮破损较多，而张氏剥皮法剥下的猪皮却完完整整，整个过程干净利落。领导们一见，立刻热烈鼓掌。少顷，又有一名工人上场，表演了张德元发明的钢梳拔鬃。

表演结束，领导们纷纷上前，跟张德元握手，表示祝贺，邓锡侯还直夸他是“屠宰状元”。领导们问他下一步还有什么打算。当时，他就汇报说，他正在搞电动剥皮机，并把以纸板做成的机器小样展示给领导们看。

一名俗称为杀猪匠的屠宰工人，是怎么成为一名发明家，成为一名“屠宰状元”的呢？

1924年底，在锦江边青莲街的半边草屋里，小德元呱呱坠地了。他三岁半发蒙读书，读了十年私学，装了一肚子的文言文。

父亲吸食鸦片烟，弄得家徒四壁。他十三岁就替人拉板车、拾炭花儿，后来学杀猪，供养母亲、外祖母和比他小十二岁的兄弟。他从1941年进成都西屠场当学徒学杀猪，直到1949年12月解放。屠宰行业协会叫桓侯会，供奉的祖师爷是张飞。当时的屠场，实行的是封建行帮统治。1950年，军代表访贫问苦，看中了他这个出身贫寒的杀猪工人，勉励他要拥护新政权，跟着共产党走。杀猪匠这一行，是晚上杀猪，白天休息。他有足够的时间积极参加政治活动，履行他对军代表的承诺。他被指定为西屠场工会主席，并被聘为区上的首届人民代表。旧社会杀猪匠是下九流，又脏又累又臭，被人瞧不起，今天居然当上了区人民代表，强烈的翻身感，让张德元的内心对共产党充满了感激。

当时每个班有五六个人，其平均产量，一个人仅能杀一头猪多点。当时，成都市东西南北屠场四个集中宰杀点，每天总共只需杀130头猪，就足够全市供应了。

1954年初，西屠场由国家接管，改名为市食品公司屠宰西站。北京总公司来人，专门开大会动员，鼓励屠宰工同志努力研究剥皮技术，开辟国家急需的皮革货源。这个时候，潜藏在张德元心灵深处创造发明的欲望仿佛春风中的野草，噌噌噌地露头了。

这辈子对张德元影响最深的人，是教他最后三年的名叫詹忠弟的私塾老师。这位留学日本回来的老师，穿的长袍马褂，但满脑子的欧美思想，不仅教国学，还教体育和算术。经常给学生灌输熟能生巧、实践出真知、有志者事竟成的道理。还说，改良蒸汽机的瓦特是掺开水的小茶倌儿，大发明家爱迪生是轮船上的报童。张德元是个干了十三年的杀猪匠，吃苦耐劳，脑瓜子灵光，他相信自己可以干出点名堂来。

说起来容易，干起来难。猪皮可不像牛羊皮那样好剥，它的胶质纤维和皮下脂肪联结紧密，串满了横筋。老式剥皮法既慢，又损伤猪皮。张德元灵机一动，发明了五子剥皮刀，不仅大大提高了工效，而且剥下的猪皮完整。这时屠宰西站每天只能宰80头，远远满足不了市场不说，原始的人嘴吹猪法，也把大家累得够呛。他又灵机一动，发明了压力吹猪器。利用自行车的中天心和足踏臂，推动一根连接着四个气筒气缸的连杆，只消将踏臂手摇12转，一头猪就吹胀了，又快又轻松，再不用拿嘴吹猪了，工友们一片叫好声。他发现，每年秋季以后，宰杀量急增，熬猪油量也急增，但藏在油渣里的猪油却取不尽。他于是发明了螺旋杆榨油机，猪油取不尽的问题从此成为历史。

猪全身是宝，尤其是人工无法合成的猪鬃，更是工业和军需用刷的主要原料，也是中国传统的出口物资。但原始的人工拔猪鬃，既慢又费力。他苦苦思索着拔鬃毛的新方法。某天，他去理发，理发师将他的头发上了发蜡后，梳起来一吹，他感觉头发一下子就绷紧了。他感觉眼前倏地一闪，叫声“有了！”由此受到启迪，发明了钢梳拔鬃法。他叫铁匠打了把钢梳子。操作时，在刚杀死的猪的鬃毛部位抹上猪血，洒上细炭灰加大摩擦，钢梳从下往上一梳，再一扭，猪鬃就扯下了。他还将大刀杀猪，改为小刀放血，速度又快，血又放得干净。

张德元在发明的路上意犹未尽。现在，就来看看他是怎么发明电动剥皮机的吧。

其实，当时已有平板式、滚筒式电动剥皮机，其原理是在猪身上剥皮，人力加机器操作，需要8个人。而他的原理是在皮上起肉，只需一个操作剥皮机的人。杀猪最后一个环节是开边，先将猪肚剖开，去内脏，砍开脊梁骨，把猪翻转搭到旁边的扎板上，扎板往上一升，皮就剥掉了。电动剥皮机于1956年提出制造方案，1957年投入生产。一个人8小时工作可剥皮30多张。1965年，电动剥皮机被评为国家发明二等奖，荣获全国科学技术委员会颁发的发明证书。他发明的电动剥皮机声誉鹊起，其他社会主义阵营的国家都跑来参观。

1959年是新中国成立十周年大庆，在北京新落成的人民大会堂，召开了表彰全国各行各业劳模的群英会，张德元出席了该会。当年他还出席了在人民大会堂宴会厅举行的国宴。国宴请柬是对折的折子，以国务院总理周恩来的名义发的，其封面和正文的底色为米黄，衬以淡雅的三枝墨竹，正文是鲜红的印刷体，封面是毛笔手写的“张德元”三个字。

带着群英会的激情，张德元回到了成都。这年，北西东三个屠宰站合并搬迁到北屠场，屠宰实现了轨道化的机械化流水作业，电动剥皮机也正式投入了生产。第二年，公司领导调他去冷冻厂“救火”。

苏联援建的冷冻厂1956年筹建，1959年投产，可是运转不到一年就半瘫痪了。该库的图纸和技术资料是苏联设计的，但主机是比利时产的，因没有零部件可换而陷于半瘫痪。这时，上级领导找他谈话，告诉他，毛主席在上海视察时说，要自力更生奋发图强，要从工人中提拔自己的工程师。张德元是成都市提拔的50名工程师之一。当时，领导交代，他的主要任务就是去冷冻厂负责技术。张德元说他从未搞过。领导就鼓励他：在战略上藐视困难，在战术上重视困难。这话作为张德元的座右铭陪伴了他一辈子。他走马上任后，发挥聪明才智，竟然在不长的时间内就把制冷系统的技术摸得滚瓜烂熟。1965年西安交大建立制冷系，还专门派人到成都总结张德元的经验。

1962年秋，成都发生了一件惊动中央的事情。冷冻厂的几位厂领导各自拉帮结派，当好好先生，装卸工人因闹奖金而消极怠工。当时，每天有14台冷藏车往返，朝冷冻厂运肉，工人却拒不卸肉。但北屠场的机械化流水线正源源不断地在屠宰，7间晾肉间重重叠叠挂满了无数的半边猪肉，因为超重，晾肉间竟瞬间倒塌。猪肉胀库，但限于当时每人一月只供一斤肉的政策，又不敢敞开供应。影响所及，作为肥猪中转站的南郊二养场，因猪只拥挤，竟陆续死了5000头猪。正在冷冻厂负责技术工作的张德元闻讯后，急得干瞪眼。中共成都市委、市政府出面，很快平息了风波，有关责任人也受到了处理。

一天，一位副市长同张德元去见北京来的一位老领导。张德元特别建议，为了杜绝上述风波的重演，应该把屠宰场直接设在冷冻厂旁边，这样，每天往返运肉的冷藏车所发生的所有费用，就节省了。事后，中央对冷冻厂追加了60万元投资。张德元设计了两条宰杀生产线，一条剥皮线，一条烫皮线。新建的屠宰场技术先进，产量惊人，一个班90多人，即可宰杀6000头猪。

在此期间，张德元还搞了个高温蒸汽化油车间，又对美国造的刮毛机进行改进。他发现，宰杀的猪在机器里其实几秒钟就已经把毛刮干净了，但它是流水作业，只能每隔一分钟自动进出一头猪，这显然造成了浪费。他把他改成手动，趁前一只猪到出口处时，进口处同时进猪。美式刮毛机一小时只能刮60头猪，他把它改进后，一小时可刮280头。为了改进他自己发明的电动剥皮机，他还专门到制革厂去调查，弄清了客户的需求。他在工艺上搞了个吊烫，不能剥皮的头、脚只造型，不做吊烫，把不宜制革的肚皮留来当肉卖，单此项即降低生产成本20%，而剥下的猪皮也最受制革厂的欢迎。

张德元是一个处处留心、善于学习的人。当年发明电动剥皮机时，遇到电学上的难题，他利用开市人大会时跟电力局总工程师同寝室的便利，虚心求教，终成内行。

张德元1960年初秋被国务院科技局评为工程师，六十五岁退休后补办了高级工程师的手续。

1980年代的成都东郊

中国共产党十一届三中全会的召开，让神州大地披上了春装，大地春回，万象更新。

“把党的工作重点转移到经济建设上来”——全会的英明决策深得人心。党的工作目标，就是带领全国人民实现工业、农业、国防、科技的四个现代化，“以阶级斗争为纲”的紧箍咒被彻底砸碎。中国从此进入了一个崭新的历史时期。

1976年10月粉碎林彪、江青反革命集团之后，成都东郊工业集群联系工厂实际，拨乱反正，正本清源，一步一个脚印，昂首阔步走进了新时期。工厂逐步走上了正常发展的轨道，产品质量稳步提高，生产迅速发展，工厂扭亏为赢。

以420厂为例，1979年，420实现利润超过了历史水平，跃居同行业前列。这也正是20世纪70年代末80年代初，成都东郊工业集群所走过的共同的道路。当年5月，第三机械工业部授予420厂“大庆式企业”称号。当年9月，420厂又被评为全国先进企业，国务院给工厂颁发了嘉奖令。

与此同时，现代企业制度的建立也在稳步进行，“质量第一”“按经济规律办事”“科研先行”第一次被响亮地提了出来，并逐步转化为成都东郊工业集群的办厂理念。

自从党的改革开放路线确立以来，成都东郊工业集群凭借自身厚重的实力迎来了高速发展的春天。在改革开放的旗帜下，一批东郊老军工企业不仅有针对性地引进国外先进技术和管理经验，以壮大实力，而且及时抓住机遇，开始涉足国际市场，勇闯风浪，工厂的产品开始出口创汇。

南光的巨大贡献

南光厂是电子部的重点企业之一。截至1985年，南光先后研制成功新产品302项，其中175项为国内首创。半个世纪来，南光向全国28个省、市、自治区的800多个科研机构、大专院校和电子工业企业提供了大量专用工艺设备，装备了国内电子工业和轻工业的400余条生产线，包括半导体生产线、集成电路生产线、黑白显像管生产线、收讯放大管生产线、真空电容生产线、荧光灯和灯泡生产线、制瓶机生产线等，为我国电子工业和相关轻工业的发展做出了巨大贡献，还承担了国家从美国进口的4条旧彩管生产线的修复和安装。

南光当年是“国家直属主要承制出口援外产品企业”，向朝鲜、越南、罗马尼亚等国提供电子工业关键设备196项计405台。从20世纪80年代起，向日本、美国、东南亚多个国家出口真空泵、碰焊机等产品。

1984年、1985年南光厂先后获得省政府授予的军民结合先进单位，电子工业部授予其优秀政工企业和“双文明”单位，成都市授予其先进企业称号。1989年，该厂党委书记郑永清被国务院授予全国劳动模范称号，被调去组建中共成都市委工业交通委员会，并任书记。

420出口创汇

20世纪80年代初，420厂抓住为美国制造航空零部件返销美国，以补偿中方贸易逆差的机遇，适时调整单一的军品产品结构，努力开拓航空零部件的外贸生产。1980年8月，率团访美的枉云汉总工程师代表工厂，与美国普惠公司（PWA）签订了首批23项航空小零件及环形锻件、总金额26万美元的转包生产合同。420厂为外贸生产航空零部件的序幕由此拉开。因先期交付的是螺钉等3种小零件，以后就有“420厂的航空外贸生产是靠3个螺钉起步”的佳话。可别小看这3种小零件，当时工厂技术落后，经过多次试制，在连续攻克了冷镦、热镦、挤压和滚丝等技术难关之后，才达到了出口要求。

1983年，国防科工委发文批准420厂对外开放，此举开启了军工企业多年封闭的大门，企业融入全球经济一体化，具有里程碑的意义，也为航空企业的“军转民”指明了新路。当年12月，工厂又与普惠公司签订了生产火焰筒、环形件等产品的第二批合同，15个火焰筒样件经美方一次试车合格。次年又与美方签订了以环形件为主的第三批合同。

在1985年我国宣布裁军100万、航空发动机订单锐减的情况下，工厂逐步建立起一套较为完整的外贸生产出口管理体系。当年6月，工厂又与普惠公司签订了价值430万美元的第四批合同。尤其是其中的一项易于变形的燃气收集器部件的成功交付，引起了美国五角大楼的关注。420厂凭借完善的生产和出口优势，被航空工业部批准为扩大外贸自主权企业，被国务院机电出口办批准为机电产品出口基地企业。截至1989年，工厂与美国普惠公司共签订八批合同，总金额为2500万美元，累计实现创汇1300余万美元。截至1990年，工厂先后与美国、加拿大、英国、联邦德国、日本、新加坡等国以及中国香港地区15家公司签订了多项贸易合同，接待了总计22个国家和地区的236个来访团组。

成焊所的“三级跳”

部属成都电焊机研究所具有强大的科技实力，1979年完成了相当于“文化大革命”十年总和的13项科研项目。1983年取得了9项科研成果，其中有两项达到国际先进水平，有4项国内领先，并有4项成果的论文被评选为国际交流论文。1984年，该所成为实行科研经济责任承包制的试点单位。在全国科技大会的召开和《中共中央关于科学技术体制改革的决定》的激励下，逐步开创出从市场直接承揽任务的新路。

1985年以后，该所渐入佳境，当年取得6项重大科研成果，论文《脉冲短路过渡电流波形及工艺性能研究》在法国召开的第38届国际焊接年会上宣读。当年6月，该所主办的作为中国焊接博览会前身的首届电焊机节能产品展销会在北京召开。年底，该所又牵头成立了全国电焊机行业标准化委员会。1989年9月，该所自行研制的第一条焊接生产线——为二汽研制的汽车传动轴焊接生产线通过用户验收。1990年，该所被机电部确定为二类科研单位，当年完成108项科技工作项目，其中有7项通过部级鉴定，该所组织编写的两个文件成为指导行业发展的重要文件。该所还与数个电焊机厂联合办厂，使成果转让有了稳定的技术市场。经过1988年的深化改革，该所逐渐形成了既搞新产品开发，又搞中试产品生产；既搞全国性行业工作，又搞地方委托任务；既接受纵向课题，又承接多种形式横向合同的新格局。到成焊所所庆三十周年时，该所的“三级跳”令人欣喜，不仅完成了由纯科研型到科研经营型的转变，而且开始了向高科技产业型的转变。

刃具厂量块在美国免检

1982年，成都量具刃具厂的“川牌商标”在美国注册，该厂的量块精度等三项技术指标在美国列为免检项目。这一结果的取得，其实是费了一番周折的。该厂真正意义上的外销始于1978年。因国家扩大了企业的自主权，允许自主经营，从1979年开始，在完成国家计划的前提下，该厂由单一的生产型企业向生产经营性企业过渡。1981年，该厂生产的读数为0.0001的英制千分尺，被美国思柯公司进口了2.6万把，被该公司赞誉为“世界最精密的千分尺”，载入供货样本。1982年，首次进入美国的成都造量块遭遇了尴尬，客户HDT公司指责大部分精度不够，并返还一套要该厂复查。该厂进行严格复查的结论是：完全达到美联邦技术标准。但美方并不相信，特意设计了一个检测场面。他们带来一套堪称王牌的日本三丰基准量块，将鉴定值表抽掉，要刃具厂检测，以验证该厂的检验水平。

岂料日方的值表与该厂测定的结果完全吻合。美方仍心存疑虑，又抽出10件成都造量块送美国权威检测机构——美联邦检测局检测，结果质量完全达标。反复折腾的结果，反而促成成都造量块在美国成了免检项目。

计量业的“四大金刚”

地处成都市东风路北二巷，由国家技术监督局主管的中国测试技术研究院，1980年7月组建，是我国两个计量技术研究基地之一，拥有多种高技术的技术装置，拥有长度、力学、温度、时间频率、电离辐射、激光等方面的国家基准、副基准和计量标准共191项。

挂靠成都工艺研究所的机械电子工业部量具量仪产品质量监督检测中心于1983年成立，承担全国量具量仪产品质量的监督检测及其产品标准、产品质量分等标准的制定和修订。后来，还建立了国家质量监督检测测试中心。

挂靠715厂的电子工业部电容计量站于1984年成立，后更名为机械电子工业部401计量站，负责全国各单位电子元件参数量值的传递和电容参数的认量检定、测度分析。

挂靠成都电焊机研究所的国家电焊机质量监督检测测试中心于1989年成立，该中心的检测设备的性能和精度，均能满足国际标准化组织、国际电工委员会标准和国家专业标准测试电焊机产品的技术要求。

机车厂荣获殊荣

国有大型企业成都机车车辆厂创建于1952年，是全国铁路牵引电机的主要制造基地，也是我国内燃机车、电子机车及客车的主要机修基地之一。厂区占地811亩，厂区有12公里的铁路。该厂形成了机车大修、电机制造、客车修理三大支柱产业，于1984年和1989年两度获国家质量管理奖，是四川省铁道部系统唯一获此殊荣者。

肉联厂创汇可观

国有大型企业成都肉类联合加工厂是国家二级企业，于1959年建成投产，是四川省外贸出口冷冻分割肉、猪副产品、肝素钠精品的主要生产基地，是主要技术经济指标列全国先进水平的重点骨干企业，既专业屠宰生猪，加工和批发肉食品，又兼生化制药，而且还制造屠宰机械。该厂的楼层式猪圈可容生猪8000头，班宰猪能力4000头，一年可宰生猪70万头。该厂出口产品有10个，1979年至1989年，平均年创汇400多万元，主要销往苏联及欧美的十多个国家，还有中国香港、中国澳门地区。

“娇子”东迁

“娇子”和“五牛”是成都卷烟厂的两大品牌系列。1987年底，这个被中国烟草总公司列为“七五”重点技术改造的企业，投资2950万元，历时两年的技改工程基本完成，顺利迁移到东郊进行生产，1990年列中国最大工业企业374位，在四川最大100家工业企业中综合经济效益排名第一。这个四川烟草业的巨头，后被国家烟草专卖局确定为全国14家重点企业，被四川省和成都市分别列为扩张型企业、重点优势企业。

川药厂“三连冠”

1983年5月，四川制药厂被四川省人民政府授予整顿改革先进企业称号，次年获成都市政府颁发的技术开发一等奖。1985年该厂7个原料药产品全部达到优级，被中国医药品总公司授予重点产品全优奖。后投巨资扩厂房添设备，还从联邦德国分别引进一条瓶粉针生产线和一条胶囊生产线。该厂以生产抗生素原料药为主要产品，共有42个种类，其中的8个产品自1980年以来相继获得国家、部、省、市优称号，所生产的“利福平”原料药销量连续三年获“三连冠”。该厂产品还远销西欧、北美及东南亚的国家和地区。

火车东站挖潜扩能

成都火车东站是成都铁路局的主要排空站，增铺股道历时六年，至1989年建成61股站线，共有636个货位和968个集装箱，年办理货场运输293.1万吨。该站从1984年起，率先开展延伸服务，在崇州、邛崃、大邑等县建立“没有铁路的火车站”，实施“就地托运，接货进站，送货到家，一票到底，全程负责”的一条龙服务，既方便了货主，又缓解了东站的仓储压力。

转换所有制的阵痛

自从党的十一届三中全会决定转向搞经济建设以来，全党逐渐形成了共识：我国经济能不能加快发展，不仅是重大的经济问题，而且是重大的政治问题。在20世纪五六十年代建立起的国民经济体系，奠定了我国社会主义工业化基础的计划经济体制，但已日益僵化，社会生产力受到严重束缚，社会主义的生机和活力不见了，中国老百姓的物质文明程度与西方发达国家差距甚大，社会主义的前途受到人民的质疑。以高投入的方式保持经济增长的道路已走入死胡同。

在这新旧交替的历史时期，党的高层断然下定决心，朝着经济体制改革的既定目标，勇往直前。一年又一年，改革开放的力度愈来愈大，从十一届三中全会起，历届党的全国代表大会和中央全会向外界传递的信息愈来愈鲜明。如果说，在党的十四大之前，中国经济改革一直在试图“调和”计划与市场之间的关系，那么，十四大则明确提出，我国经济体制改革的目标是建立社会主义市场经济体制。传统的社会主义学说认为，社会主义经济只能是计划经济。对于计划经济的假说，20世纪以来的计划经济的理论研究和实践检验已经证明，这种经济体制存在着根本性的缺陷。1992年春，邓小平发表南方谈话，提出：“计划和市场都是经济手段。”这就是说，采取什么方式发展生产力，这只是个技术性的问题，与社会属性无关。这一理论观点解决了困扰中国多年的难题，极大地推动了中国思想观念的更新，给中国经济体制改革确定了新的目标模式。

1993年11月，党的十四届三中全会通过了《中共中央关于建立社会主义市场经济体制若干问题的决定》。全会要求，要进一步转换国有企业经营机制，建立适应市场经济要求，产权清晰、权责明确、政企分开、管理科学的现代企业制度。

这种新的经济运行体制必然要求两个转变，从传统的计划经济体制向社会主义市场经济体制转变，经济增长方式从粗放型向集约型转变。国家有计划地对国有企业实行“断奶”，资金供应渠道由拨款改为贷款，融资方式变得跟其他所有制形式的企业一样。另一方面，国家完善了税收体制，对国有企业实行利改税，不再收取国企的利润。接着，国家陆续出台了社会保险体制、人事体制、医疗体制、住房体制等配套的改革措施。如此一来，国有、民营、集体、合资、个体等各种所有制形式的企业就站在了同一起跑线上，全中国的所有企业只能按同一个规则运行了，大中型国有企业工人终身制的“铁饭碗”——被打破。

对于国有企业而言，对于转变了所有制身份的企业工人而言，他们被抛进了市场经济瞬息万变的潮流中。

“生是国企的人，死是国企的鬼”，习惯由国家包干生老病死的国企职工们，早已被计划经济体制惯坏了，觉着大锅饭的日子过起来很舒坦，现在突然要买断工龄，心理上的巨大落差可想而知。有人痛苦失眠，有人惊慌失措，有人彷徨不安，但也有人求之不得，暗自庆幸。于是，在成都二环路的东一段至东三段的两边，这个东郊工业企业最密集最集中的区域，成了东郊广大工人发泄悲愤，表达诉求的地方，从20世纪80年代末以来，一拨拨的工人围着工厂的大门、冲进工厂办公大楼，找厂长讨说法。这成了东郊的一种见惯不惊的“风景”。

曾任成都前锋电子电器集团股份有限公司董事长兼党委书记的张献，经历了改制的风浪。2001年6月19日至24日，这五天是最动荡的五天。事前，张献结合工厂的实际，做了充分的准备，并形成了《谈前锋的改制》的文稿，对什么叫改制，为什么需要改制，怎么样改制都对职工宣讲得清清楚楚，并在《前锋报》上全文刊载。前锋的改制是主张与每一个职工签合同，一起同甘共苦，但是要改变职工身份这一点，却把他们激怒了。一夜之间，一些职工突然就站到了厂领导的对立面，包围工厂大门，不许职工进厂上班，在工厂门前的府青路立交桥上封路，连交通都被中断了。当晚，他们打起横幅在生活区搞游行示威，好些人冲进张献家，把从未见过这个阵势的孩子吓坏了。但张献当时特别冷静，并未惊动公安部门，而是坚持和平对话。第二天，他们在厂里的会议室围攻了他一天，连厕所都不许上，他们还允许他坐着，他一直跟他们对话。曾经，有个年轻女工情绪失控，突然提起一个装了酒的啤酒瓶子，朝张献甩去，他赶紧一闪。好险！瓶子从他的右耳根擦过，差点砸中脑袋。

张献在厂里很有威信，并且处理事情也比较人性化，怎么突然会闹到这一步？张献说：“成都改制算是做得好的，政策的尺度掌握得比较恰当，比较规范。比如说，对员工要进行安置，要给安置费；第一，员工不能轻易地退出单位，要签合同；第二，安置费要延续，成为安置股；第三，允许员工购买公司的股权。而没有像某些地方做得非常极端。前锋改制风波来得快，来得猛，但很快就平息下来。不到退休年龄的职工，我们不是采取强制下岗，而是根据市上制定的两种政策安排退养，这样分流了1000多人，大大减轻了企业的负担。”

这些工人发泄一下，也是情有可原。许许多多的工人人到中年，又习惯了大树底下好乘凉的“小社会”的幸福生活，一旦脱离了依赖的工厂，不仅感情上难以接受，而且一时也不知道该怎么融入大社会。

另一方面，党的十一届三中全会以来，国家进行全局调整，强调指出：“军工也要退够，要放小。”随着国际形势的日趋缓和，1984年中央又明确要求军工企业必须认真贯彻执行“军民结合、平战结合、以军为主、以民养军”的方针。1985年，我国宣布裁军100万，大幅度压缩军队装备费用，各种军品订单随之陡降。东郊这些军工企业遭遇了前所未有的困境。如何才能闯过市场经济的激流险滩呢？一个挑战与机遇并存的历史时期开始了。

红光实业蜕变为“伏地魔”

在20世纪90年代中期，作为全国最大的电子束管基地的国营773厂，扶摇直上，实现了腾飞的梦想。工厂先后完成了年产100万只黑白显像管、300万只黑白显像管玻壳、150万只电子枪和320万套彩色显像管玻壳等几条大生产线的技术改造。1993年初又顺利地完成了企业的股份化改制，简称为红光实业。这个1983年产值仅1000多万元、固定资产原值仅9000万元的国有企业，在1993年，已发展成年产值10亿元以上，实现利润1.5亿元，拥有近13亿元固定资产的大型股份有限公司。企业的头上顶着全国企业管理优秀奖“金马奖”、国家一级企业等249项市级以上的各种荣誉光环。

1997年，这个红极一时、炙手可热的来自成都的公司，在股民的热烈期待中，终于在上海证券交易所挂牌交易，股票简称“红光实业”。

2010年9月6日，央视财经频道以纪念中国资本市场成立二十周年为由头，隆重推出了60集电视系列短片《中国股市记忆》，其第37集标题为《红光骗术》。该片编导毫不客气，把红光实业称作中国股市当中最大的“伏地魔”之一。何为“伏地魔”？这是英国作家罗琳写的畅销小说《哈利·波特》中的反面人物，该书与红光实业上市同时问世，“伏地魔”是个名扬世界的充满邪恶与恐怖的名字。一个上市公司竟被冠以“伏地魔”的恶名，人们对它的憎恶可想而知。

该片是这样描述红光实业的：

红光实业成立于1992年，这是它1993年发行的股票，像模像样。当时新股发行实行的是“额度审批制”，上市资格非常“紧俏”。从招股说明书的内容来看红光把自己打扮得非常漂亮，它是这么说的，“预计公司1997年度全年净利润7055万元，每股税后利润0.35元”。要知道这在当年的经济环境下，这可是一个非常不错的业绩。所以，红光顺利发行了7000万股，在我们这个市场里拿走了4个多亿。

然而好景不长，随着年报披露期的来临，红光的业绩突然变脸，年度亏损1.98亿，每股亏损0.86元，当年上市，当年亏损，红光开创了中国股市的先河。于是，市场愤怒了，审批机构尴尬了，中国证监会开始调查了。

时至今日，红光这个“伏地魔”在我们这个市场里创造了很多的“第一”：第一个当年上市、当年亏损的公司，第一个被中小投资者告上法庭的公司，第一个被追究刑事责任的公司。

究竟是什么原因促成了这座“摩天大厦”的坍塌呢?

首先，最直接的原因是，彩色显像管玻壳的生产从1996年起产量就大滑坡了。高科技、高技术、高质量要求的彩玻生产，是来不得半点马虎的。按日本原设计，彩玻生产线投产5年后就需要大修，也就是说，在1995年至1996年间就必须大修。每天要出200多吨玻璃熔液的造玻壳的池炉已是三四年未进行过大修，其后果是耐火砖会掉渣滓，玻璃溶液只要有很少一点杂质产品合格率就会降低。虽经玻璃分厂的多次郑重提醒，红光公司的决策者却充耳不闻，致使产品的合格率不断下降。1996年，彩玻、黑白生产线所需原材料供应全面紧张，并事实上废除了原材料的“五步质量认证”，竟然沦落到了有来料就立即使用的地步。由于生产线的设备备品空前缺乏，造成设备故障频繁，停机频率高。这已经是资金奇缺的征兆。产品废品率居高不下，产量直线下降。加上能生产的一些产品也难以产销对路，公司出现了空前的大亏损。最终，资金链条彻底断裂，红光集团终于在1998年宣告破产。

对于红光实业欺诈发行上市案，成都市中级人民法院通过调查、审理，于2000年12月14日做出了一审判决。

成都市检察院起诉书称：成都红光实业股份有限公司在1997年5月23日招股说明书概要中，隐瞒1996年公司实际亏损5377.8万元的事实，虚增1996年公司净利润5428万元，虚报利润10805.8万元，骗取了股票上市，欺骗了股民。

审判长最后宣判：红光实业公司犯有欺诈发行股票罪，判处罚金人民币100万元，于本判决生效之日起30日内缴纳；作为主管人员的何行毅、焉占翠分别被判处有期徒刑3年。由于何、焉二人已被羁押两年多，所以他们的刑期到2001年10月即告刑满；不是主管人员的刘正齐被判处有期徒刑两年，缓刑三年；陈哨兵被判处有期徒刑一年零六个月，缓刑两年。宣判完毕，几位被告都表示“不上诉”。这起历时两年多调查审理的欺诈上市案终于尘埃落定。

红光的梦想终于烟消云散。但它的光荣与辉煌却永载史册。且让我们回顾一下红光的那些令人难忘的历程。

从1958年末红光电子管厂玻璃筹备组成立起，玻璃系统的全体职工一直在艰辛努力，顽强拼搏，以不屈不挠的自力更生的精神，不断创造出一个又一个的奇迹。建厂之初，自行设计、砌筑了烧煤坩埚炉和退火炉，用废旧车床改制为成型机，在未通煤气的条件下，用炭火加热模具和模圈。在如此艰难的条件下试制出我国第一支35厘米黑白显像管玻壳，向共和国国庆十周年献上了厚礼。

1966年，李铁锤担任彩色显像管突击队队长，试制出第一只有电子工业“原子弹”之称的彩色显像管。当时，彩管的重要技术难题是“栅网”，由栅网而组成三种不同的色彩，以人工的方式将4000多根镍锘丝焊接在一个框架上，攻关成功。当时全国彩电大会战，有南京741厂、成都773厂、上海电子管三厂、北京电子管厂，还有石家庄、陕西宝鸡灯泡厂都在试制。但只有773厂的彩色管显示彩色图像质量是最好的。当时这一科技成果的意义主要是政治性的，因为一只21英寸彩色显像管的成本就是8万元的天价，而售价仅2万元。

曾经在773厂担任过二十年总工程师的吴祖垲，是资深的中国工程院院士，是我国电真空器件的四大权威之一。当年，他呕心沥血，亲自组建了773厂的产品设计所。他瞄准国际的发展趋势，结合国内国防、军用、民用的实际，组建了全所下设的10个各具特色的设计室。在他的领导下，773厂开创了中国四个第一只的历史纪录——彩色显像管、视像管、摄像管、储存管的第一个试制成功。

引进国外先进的黑白显像管玻壳生产线，773厂因为有技术基础，很快就掌握了日本的技术。生产线还没建完，就开始出产品。引进的生产线当年就见效益，第二年就由一个亏损了八年转变为盈利2000万元的企业。1986年11月13日，生产线顺利通过国家验收。这个引进项目，总投资7776万元（合1350万美元），分别是上海引进项目和天津引进项目的1／2和1／3，而生产能力却是相同的。并且仅投产两月就达到了产量和质量的标准，五个月即完成验收，而上海和天津则分别在投产后的三年、两年才达到验收的。

圆满解决了退火玻壳的炸裂率居高不下的问题。773厂玻璃分厂副总工程师邓景镇发现了日本设计的设备的问题，选中了一种叫高压无焰红外辐射燃烧器的德国技术，设计制造了玻壳退火炉炉头红外辐射加热燃烧器，从此彻底解决了玻壳炸裂的问题。八年累计可挽回174.4万只17寸的玻壳，按当时每只售价200元计算，挽回的经济损失可折合人民币3.5亿元。这一技术改造促使日方专家组组长阿部健三等三人来东郊咨询、学习，得到了他们发自内心的赞赏。

1987年，773厂决定引进彩色玻壳生产线时，采用了一种甘冒技术风险，却绝对省钱的引进方式。只为专用设备引进关键零部件，以解决国内暂时确实无法解决的技术和部件，其余立足于由国内专用设备制造厂制造。结果，773厂只使用了3.062亿元总投资，成功地引进部分关键设备和关键零部件，解决了80%设备国产化的问题，建成年产320万支18—21英寸彩色显像管玻壳的生产线。尤为可喜的是，773厂生产的彩色玻壳经受了日本松下公司严格的“五步认证”的质量检测，认定质量合格，而且质量优于当时河南安阳彩玻公司的同类产品。之后。该产品又通过了日本日立彩管厂的“五步认证”标准。773厂生产的彩色玻壳同时被松下公司、日立彩色显像管厂大量使用。仅1995年一年，773厂就生产了215.9万套彩管玻壳，产值4.32亿元。

……

红光，这个承载着光荣与梦想的工厂，这个几乎与共和国一起成长的国防军工大厂，在世纪之交从巅峰状态跌落无底的深渊。她的辉煌与终结，直叫人扼腕长叹！

改制的探路者亚光

采访田康经的地点就在建设路2号原亚光厂的厂区范围内。不过，亚光厂早已将工厂的土地通过政府拍卖，以715万元／亩的高价，卖给了有名的万科房地产公司。这地方现在已变成了高档的住宅小区，名叫“万科·金域蓝湾”。林立的高楼群下，有美丽的面积不小的绿化带，在花团锦簇围拥的小桥对面，有一处铺着木纹地板的宽大平台，一把绛红大遮阳伞似乎在召唤，伞旁是造型讲究的木质的桌椅。田康经和在厂里当医生的夫人郭大夫选择了这个别致的地方，来接受我的采访。

在20世纪90年代，成都东郊这些军工企业为什么都趴下了？主要原因就是：军转民，部属企业全部下放，突然由计划经济转到市场经济，又赶上百万大裁军，军品锐减，转到搞民品，一时很难适应，甚至手足无措。当时，970厂（亚光电工厂、7信箱）这个国有大型企业也搞过电视机、收音机，但效益最好的是工厂开发的安保工程。上面叫企业改制，工厂就摸索了各种各样的办法，承包制、分厂制，改来改去，不见多大的效益。1997年，正当红光上市的时候，亚光也进入了连续三年亏损的恶性循环期，累计亏损达1500多万元，企业陷入了前所未有的困境。怎么办？亚光的出路在何方？

“亚光成了第一个吃螃蟹的探路者，选择了改制，搞股份合作制，触动了产权和国企身份这两个关键问题。”曾任亚光党委副书记兼工会主席的田康经如是说。

田康经出生于1945年5月，父亲是小职员，母亲给人当保姆，家里很穷。1968年毕业于成都电讯工程学院。他是四川乐山人，从他1963年考上成电来到东郊，在成都已经生活了四五十年，仍然乡音难改。田康经中等身材，身体结实，满头乌发，红光满面，一点都不像六七十岁的老人。他气质朴实，笑起来尤甚，又穿了件极为普通的铁灰色的防寒服，显得极具亲和力。

1968年，四川的“文革”正进入革命造反派大联合的阶段，怕受到分来的大学红卫兵的冲击，包括田康经在内分到亚光的二十名成电毕业生，先到厂里打了一头，立刻转到山东即墨的部队农场去当兵。即墨在渤海边，因战国时田单在当地大摆火牛阵而驰名。田康经穿起军装，跟部队战士一起围海造田，整整干了一年后，重返亚光。回厂后，田康经从工人干起，什么岗位都干过，经历了从工人到技术员，到生产线线长，到车间副主任，再到车间主任的成长过程。田康经这人头脑灵活，有主见，有冲劲。

1980年，田康经干出了一件“离经叛道”的大事，令全厂震动。

那时，田康经出差的机会多，他喜欢出差，因为只要出差，他就可以乘机去逛南京夫子庙、上海城隍庙等卖无线电废旧器材的市场。这时，他解剖日本产的晶体管入了迷，每次去逛市场，必买回或向摊主索要日本的报废管子，拿回厂慢慢研究。当时，亚光为军方造的一种晶体管，在可靠性上存在问题。他决心改造它，制定了新的技术标准，并且研制成功。田康经初生牛犊不怕虎，不知天高地厚。他一个小技术员，未经组织批准，竟敢私自制造新产品，这本身就大错而特错了，他竟然还敢把这劳什子带到军品订货会上去推销。岂料好东西招人喜爱，某部件厂一开口就订了50万只。这本是喜讯，却让全厂沸反盈天。简直胆大包天！负责进行技术把关的总工程师气得暴跳如雷。但50万只从天而降的“大馅饼”却叫生产科、计划科喜出望外，怂恿党委书记和厂长支持田康经。厂长对他爱也不是，恨也不是，长叹了一声过后，就赶紧安排生产了。岂料对方是有多少要多少。

田康经立了大功，同时又犯有大错，功过相抵，只能不奖励、不处分了。直到1981年企业恢复评工程师职称，才算变相奖励了他一下，田康经是年轻人中第一个评上工程师的。

田康经名声大振，接着就被提拔为车间副主任、主任，两个职位加起来才不过一年多的时间。此时，干部的四化“革命化、现代化、知识化、年轻化”被提上议事日程，1984年，他被提拔为抓生产、供应的副厂长，一直干到1987年。田康经经部属厂长经理班培训半年，统考通过后，又去北京进行厂长岗位培训。1987年被任命为党委副书记，分管党务工作。从1994年起，又兼任工会主席。

1998年，正当亚光厂的几位负责人被弄得焦头烂额之际，他们从报纸上看到了中共十五届三中全会的公报，其中一句话叫搞股份合作制。几个人受到启发，顿感精神一振，感觉这是使企业脱困的好办法，决定抓住这个机遇。他们的想法得到了市上分管领导的首肯。亚光厂很快就进入到搞股份合作制方案的阶段。一个正师级的大型Ⅱ国有企业，忽然要搞股份制，厂里的舆论立刻炸开了锅。为国家干了一辈子的老工人认为这是国有资产的流失，厂里的老干部认为这是对他们辛勤干了一辈子的工作成果的否定。

一夜之间，几位负责人全部，等待两千多职工的重新选举。对厂级领导实行海选，由全厂下属的各个单位自己提名，结果形成了一个包括所有现任厂级领导和中层干部以及职工代表的几十个人的初选名单，名单上的少数人名，许多人都感到陌生。几位现任厂级领导都郑重其事地在这个名单上签了字表示认可。并且规定，选民可以随心所欲地表达自己的意志，想选谁就可以选谁，只有选票过半者，才能成为未来股份公司领导层的候选人。然后将得票最高的前六名候选人提出来，再进行一次六进五的差额选举。

这真是极端民主，是东郊工业区的空前创举。几位叱咤风云的现任厂级领导忽然都成了普通的选举人和被选举人。选举结果，三名前任（包括党委书记和副厂长）落选了。但选民们的素质并不低，包括厂长朱志宏和党委副书记兼工会主席田康经在内的四名前任当选了。但遗憾的是，新班子中原来安排的总工程师一职，却落选了。这对于一个高科技公司来说，是不可想象的。于是经过动员，又把总工程师补选上去。田康经被选为公司监事会主席，将履行监督总经理和所有经理是否执行董事会决议的新职责。选民们想通过他们信任的田康经，来监督几名年经的公司高管，足见他在工人中享有的威望。

亚光实行海选而改制成功，新的股份合作公司名叫成都亚光电子股份有限公司，国家的军工股是小头，由占了大头的职工股控股。这在成都市是第一家，市上要求秘而不宣。所以媒体不见报道。股份公司当然要发行股票。为了约束新选的高管们，工人们叫他们以多买股份的方式来承担风险，规定高管们必须按自己的职务购买相当数额的股票。

当时作为监事会主席的田康经被指定买了2万股，每股原始股金5元，当年掏出10万元买股票，对于拿工资吃饭的他来说，压力很大，但为了亚光，新任的公司高管们都一咬牙把分到名下的份额买了。但没想到，仅仅过了一两年，就连本带利地赚回来了。这得益于严格的管理。国投公司专门从深圳请了一家专业审计公司，每半年对公司情况进行一次审计。包括谁喝酒后上班，哪个工序有几个人上班吹过牛，审议报告都有记载，毫不徇私。

他们改制成功的事，说的不宣传，结果消息还是走漏了，对门的国光（776厂、6信箱）和宏明（715厂、82信箱）都要求照他们那样改制，后来也改成功了。

亚光改制时，厂区占用的土地已经作价，作为股份卖给职工了。通过政府拍卖，作价715万／亩。亚光利用级差地价，修新厂房，将设备更新换代。亚光在东郊这些厂里规模不算大，但是效益好，就是因为运作方式不一样。

企业管理的最高层次是资本运作，如果企业管理者不仅搞生产经营，而且搞资本运作，这个企业就完全不一样了。资金、产品、信誉、品牌等都可以进行运作。亚光电子的股份由军工股、职工股和深华新三大部分构成。军工这部分是属于国家的，是不能划给职工的，其代表就是市政府直属的国有资产投资管理公司，简称国投，占20%的股份。职工股占60%多。亚光还引进了一家名叫深圳华新的上市股份公司，它是直接抱现金来入股的。深华新的管理人员都是四川人，是西南财经大学的毕业生办的公司。资本运作的结果是亚光电子的效益不断上升，亚光股民分红分得叫人眼红。

当年买了股后，接着就进行了买一送三的配股，最后又搞了一次买一送三，这就意味着一股变成了七股，年年按七股分红，钞票源源不断地流回股民的腰包。如此一来，厂里很多职工后悔了，找厂领导闹，表达他们的强烈要求，当初未买股票的要求买，买少了的要求补买。他们起初三三两两到处写信告状，还到市政府去走访，要求补偿他们的股份。后来又集中起来在建设路一号的厂门口示威，还拉起了要争取个人权益的横幅。所有的厂领导他们都找，尤其是总经理更没少找，反复诉说自己的委屈，反复陈述是厂领导当初没有把话说清楚，才造成了今天的局面。闹来闹去影响了生产。广大职工就不答应了，站出来说天下什么都有卖的，恰恰没有卖后悔药的。

亚光电子大大改变了原来的分配制度，这在成都市的企业里可能都是首家。完全按照市场经济，多劳多得，按劳取酬，效益优先，兼顾公平，以此来调动职工的积极性和创造性。最典型的例子，是公司的一个技术员，当时是公司下属的某研究所所长，后兼任副总。2000年时，三十多岁的他开发了一个保密的军品新器件，通过竞争，得到军方三年的订货，销售收入达1亿，厂里按总收入的3%给他发了奖金，在全厂引起了震动，很多员工公开表示不服气。记者们很好奇，就问："给了那个技术人员多少奖金，3万吗？"领导们微笑着摇摇头。记者又问："那是30万？"领导们仍然微笑着摇摇头。记者明白了，不再往下问了。

这件事大大激发了技术人员的积极性，过去安排春节加班很伤脑筋，动员半天下来，还要给厂领导讲种种条件。现在的一切困难都由他们自己解决了。改制以后，新班子大量提拔三十多岁的年轻人担任中层干部，这些年轻人受到激励，有干劲，有冲劲，有创造力。过了两三年，另有一个研究所销售收入也是上亿。相关人员也照样得到了奖励。

改制以后的公司，除了激励机制，还有淘汰机制。有一位中层干部，在精简机构以后，原来的科室已经没有了他的岗位，他只能当打扫卫生的清洁工，但又不想失业，还是得慢慢适应新的工作岗位。还有一位分厂厂长，因为完不成合同约定的销售收入，虽然与公司总经理的关系很好，但他知道老总会挥泪斩马谡，于是自己主动选择了离职。正是这种貌似残酷的淘汰，才保证了公司的活力。

亚光公司于2005年7月搬迁到了三环路以外成华区东虹路66号的新厂区。如今搞多种经营，公司的销售收入已达20多亿了，但职工人数却只有1000多一点，计划5年之内销售收入达到50亿。2004年，国际劳工组织在亚光考察劳工关系，5个成员分别代表澳大利亚、中国及欧美的5个国家。他们的评价是，亚光公司跟其他的公司完全不一样，很有活力，思想很解放，高管们很有团队精神。

亚光公司的职工还是住在建设路上，得力于公司改制带来的实惠，许多职工都搬出老宿舍，买了新房。亚光在新厂区修了100多个车位，职工买车的多，很快就把车位停满了。公司职工上班，或者是自驾车代步，或者是乘交通车，公司发交通补贴费。

2007年，中国航空工业公司收购了成都国投的股份，并且全部收购了职工的个人股。算下来，当初花1元钱买的股票，后来回报的是60多块钱。当初田康经买的2万股，全部兑现以后，买了房子，钱还没用完。亚光的工人多少都有几十万，尤其是原来住二环路得到“惠民工程”拆迁补贴的，现在都富裕了。有人说亚光的工人原来看起来穷得丁当响，现在又买新车又买房，一个个都发了。现在，东郊这些厂的职工都非常羡慕亚光。亚光因为改制成功，总经理朱志宏2000年就上调了，任市长助理兼龙泉经济开发区主任，现任中共成都市委常委兼组织部长。朱志宏当年临走时，对田康经发感慨说，他这辈子非常幸运，非常庆幸能和海选出的另外四个人一起共事。

爆破成都最高烟囱

在成都热电厂搬迁之前，成都市区的天空经常是灰蒙蒙的，甚至出现过极端天气，明明是下午，却突然黑得像晚上。尤其是列入规划的未来城市的副中心——成都东郊，“三废”突出，“热岛效应”明显。据1998年成都市园林局和成都气象学院合作研究表明：市区的热岛中心就在二环路东段的热电厂附近，夏天的气温约高出市区平均气温3摄氏度。东调启动，一家家规模以上的企业纷纷响应市政府的号召，主动申请搬迁，陆续从东郊“突围”，入驻龙泉、新都、高新西区等地的工业园区。但是，唯有一家工业企业不愿意搬迁。最后，被东调办勒令限期搬迁，它就是地处东郊跳蹬河的嘉陵热电厂。

20世纪50年代，当一个个建设项目、一家家工厂在成都这片热土上陆续建设时，电力奇缺！位于东郊沙河畔跳蹬河，由苏联援建的成都热电厂应运而生。1955年5月26日，成都热电厂这座中国西南地区首座高温高压热电厂的1号机组，在这天并网发电，迅即支撑起川西地区电能的供给。1958年7月，由苏联援建的成都热电厂第二期扩建工程投产，装机两台各25MW的发电机组，既可发电，又可对东郊的13个国营大厂供热。由于电力紧张，成都热电厂曾于1988年和1997年两度扩建。2002年12月电力发电资产重组后，成都热电厂更名为中国国电集团公司成都热电厂。

截至2006年4月底被实施关停，51年来，成都热电厂一直是成都最主要的电能和热能供应基地，为成都发电共计356亿千瓦时，供热1.11亿吉焦。如果按每一度电的工业附加值13元计算，成都热电厂一共给地方经济贡献了4000多个亿。

对于东郊这个老工业基地，对于成都市的经济建设而言，成都热电厂确实功不可没。

但是，成都热电厂的设备已经垂垂老矣，随着成都东郊的“腾笼换鸟”，它所造成的污染愈来愈让人难以忍受，已经直接影响到成都经济社会的发展和城市规模的扩张，影响到四川的投资环境和对外形象。为了让成都的天空变蓝，它只能提前退出历史舞台。

《华西都市报》2005年10月20日报道：

> 昨日凌晨，秋雨落成都，然而，城东片区却被这场“秋雨”玷污，许多街道、树木和建筑上染上一层乌黑泥浆！这场近年来罕见的“黑雨”让市民万分震惊。一时间，本报热线和成都市环保局举报电话铃声大作。环保执法人员立即出击，展开调查，终于发现“黑雨”之源——嘉陵热电厂锅炉静电除尘系统严重超负荷运行，仓泵发生故障，导致烟尘排放猛增，大量烟尘与雨水接触后，形成了这场多年罕见的“黑雨”。一些市民甚至误认为是地震前兆。
>
> 记者走进二环路东三段10号居民院，顿时感觉如同走进矿区一般，只见院里地面、居民楼、花草树木上都被抹上一层淡灰色，仿佛已荒废了许久。
>
> 这场“黑雨”来得真不是时候，因为成都不久前刚挣了个

“最适合居住的城市”的头衔。正是这场“黑雨”，让广大成都市民同仇敌忾，痛感热电厂非关不可。

成都市环保局有成都热电厂的“案底”：污水、二氧化硫、烟尘每年的排放量，分别为700万吨、4.67万吨、2万吨。

实施东调以后，成都热电厂5台25MW机组、华能电厂200MW机组，分别于2006年4月28日、2007年6月16日正式关停，成都市民更是对赖在原地的嘉陵电厂恨之入骨。嘉陵电厂在2007年12月宁愿花1.1亿元上马脱硫设施，也不愿搬迁。其结果是2010年9月16日环保部和国家发改委联合发的通报：嘉陵电厂有脱硫设施运行不稳定、故障率较高、二氧化硫浓度超标排放等严重违法行为。

2010年3—9月，嘉陵电厂停产检修，成华区空气质量明显好转，空气污染指数（API）比上年同期下降4.94，可吸入颗粒物下降3.64，并由此削减了几千吨二氧化硫的排放。

嘉陵电厂2010年三次申请点火，三次被检测的成都市环保局拒绝。

著名人大代表李之权，多年来一直在跟热电厂反复较量，为了关闭热电厂，四处呼吁，多次找市领导反映民意。嘉陵电厂经常点火，一点火就发出尖利刺耳的啸叫。有几个忍无可忍的老兵，曾经去砸过他们的牌子。东郊的老百姓经常把他们拍的受污染的照片递给李之权，希望他出面说话。李之权有一句名言：“不把热电厂搬走，我死不瞑目！”市上领导就安慰他说：“一定会搬走的，你会看到的。宁愿点蜡烛也要将嘉陵电厂关掉。”

但谁也没料到，拆电厂之难，竟难于上青天。

当年的宠儿，如今的受气包，热电厂上上下下的心态不可谓不微妙，说穿了就是一句话：不想搬。他们给市领导叫苦：企业难搬啊！热电厂可是三个——成都热电厂、华能电厂和嘉陵电厂，股东众多，分别由国电公司、中国华能公司、林风集团控股，各自独立核算，只是由成都热电厂管理和经营罢了。还有，这块“蛋糕”大呀，总资产30.53亿元，占地978亩，职工1804人，共有9台发电机组684MW的发电能力。如果搬，损失巨大，机组要淘汰报废，1000多人要安置。

热电厂反映的具体问题并非空穴来风，尤其涉及老股本的调整、新股本的构成、谁为新业主等一系列问题，一度让东调办很纠结。东调办首先选择中国华能公司做工作，试探性地发出了《关于华能成都电厂实施易地搬迁改造的函》。不久，华能做出了比较积极的反应，另外两家也一改观望的态度。但是，三家暴露出的问题很令人头痛，三个巨头，三分天下，都想称雄，结果是都不愿意搬。破解僵局的办法是分头出访交友，市领导兵分两路，分别拜访国电公司党组书记兼总经理，把成都市东调的决心和相关政策巧妙地灌输给对方。

2003年3月10日，正值“非典”的非常时刻，但东调的步伐并未停息，冒着可能被感染的危险，三位市领导再次奔赴北京，分别拜会了国电和华能的负责人。有了上回双方接触的铺垫，这次的晤谈是实质性、建设性的，无论是热电厂新址的选择和建设、新业主的诞生，还是股权分配和人员的安置等具体问题，都进行了反复沟通。这次会晤之后，国电和华能的态度发生了重大转折，一致表示拥护东调，积极支持成都市的决策。

经过一年多的艰苦努力，三方最终形成了一致意见，决定选择远离市区的金堂县，投资50多亿元组建新的股份制电厂，控股的新业主由国电出任，华能退出，用国电在四川的资产置换，人员由国电安置，新电厂建成发电后，老机组关闭。这个新电厂，具有360MW的发电能力，既可改善四川的供电结构，又可满足成都地区的用电需求，市区的主要污染源也可得以根除。它还同步安装了烟气脱硫装置、高效静电除尘器和烟气连续在线监测装置，采用低氮燃烧技术并预留脱氮空间，是纳入全国电力建设规划的重点项目之一。

至此，成都市最纠结、最令人头痛的一件大事终于尘埃落定。那些心存侥幸、观望的企业也从这件事情上看到了市委、市政府的决心，从此坚定支持搬迁工作。

▲ 2011年8月10日，210米高的嘉陵电厂烟囱被爆破　周作成摄

2006年4月28日，成都热电厂5台25MW机组全部关停。

2007年07月16日，成都热电厂9000平方米的主厂房，随着两声“轰、轰”的巨响，瞬间坍塌。

一年后，对成都热电厂两根高烟囱实施定向爆破。在几百个爆孔里填了几百斤炸药，在“轰、轰”的巨响中，弥漫的烟尘腾空而起，一根烟囱倏地趴倒在地，另一根烟囱却在一半处折成一个巨大钝角，摆出一个很酷的造型，犹如英雄中弹一般，晃了两晃，又鬼使神差般地傲然矗立。

“哇——”四周围观的市民发出一片惊呼。几百斤烈性炸药都奈何不了它，这种造型竟然在爆破现场保持了几天之久，这未免太不可思议了！难道它不甘心退出历史舞台？直到实施二次爆破，在惊天动地的“礼炮”中它最终化为瓦砾尘埃。

2007年6月16日，华能电厂的200MW机组正式关停。随后实施了爆破和人工拆除。

2011年2月11日，成都市工投集团通过绵阳高新技术产业开发区人民法院司法拍卖，成功获得嘉陵电厂51%的股权。此次竞拍成功，为顺利实施关闭嘉陵电厂方案、最终清算嘉陵电厂、优化成都城市环境奠定了基础。

2011年8月10日上午，随着一声沉重的巨响，嘉陵厂210米高的烟囱缓缓倒下，在空中划了一道美丽的弧线，之后，在底座的1/4处折断，奔腾的烟尘霎时弥漫四方。成都东郊的标志性建筑，这根红白相间的“第一花烟囱”，从此在中心城区消失，成都市每年二氧化硫的排放将减少一万吨。

嘉陵电厂六年治污未果，最终命运只能是“限期爆破拆除”。这场工业与环保的较量，长达六年之久。成都热电厂拆迁之后，在某个秋高气爽的下午，许多成都市民在市中心看见了久违的西岭雪山，这正是诗圣杜甫当年咏叹过的“窗含西岭千秋雪”。斜阳射出聚光灯般神奇的光束，把连绵起伏的皑皑雪峰照得光彩夺目。这风景太美、太难得一见了，以致有人怀疑它是海市蜃楼。

沙河重生获大奖

沙河是成都东山的母亲河，是岷江水系内江府河的一条支流，已经在东山的边缘地带蜿蜒流淌了两千多年。她那来自雪域高原的清凉流水，浇灌着沙河两岸的农田，滋润着沿河的竹林农舍、田园村落。她的活力推动着沿河取水的筒车和那咿咿呀呀唱着古老歌谣的水碾，让沿河的农人对生活充满希望。但是，随着东郊工业文明的步步紧逼，沙河两岸农耕文明最终消失得无影无踪。

1953年，二机部（国防工业部）第10局组建的7人筹备组从北京空降四川，为未来的4个国防军工大厂选址。筹备组最初的考虑，是想发挥沙河对于小气候的调节作用，并非利用沙河来取水或排污，沙河只用来泄洪排雨水，工厂产生的废水应通过专门的排污管进入污水处理厂。苏联方面也是按我方的要求，将4个厂的雨水管和污水管进行了分开设计。

但令人始料未及的是，成都东郊最终变成了一个面积达16.4平方公里，人口达数十万的庞大工业区。尤其令人遗憾的是，沙河后来还是变成了排污河。

随着中心城区的逐渐扩张，沙河已变成一条围绕城市半周的河流。她原本应该是城市的生态屏障，到了2000年的时候，却变成了一条藏污纳垢的肮脏河流。她自驷马桥起，沿途接纳了众多工矿企业每年4000万吨以上的工业废水、生活垃圾、生活废水、热电厂的粉煤灰。工业废水有COD、铬、锌、石油、悬浮物等有害物质，造成沙河水质污染严重，河道淤积，河水变色发臭。在沿河两岸紧邻河堤的地方，还有大量违章搭建的棚户区，脏、乱、差问题十分突出。

沙河的绿化问题也不容乐观。据《成都市志·园林志》载，自1955年至1966年，沙河两岸曾种植悬铃木、桤木等树种24.8万株。至1975年时，仅剩不到1/10的树木。至1987年，沙河的树木回升到3.78万株。但是，沙河两岸不仅树种单调，而且没有乔、灌、草的绿化结构搭配。

沙河的问题如此严重，乘着成都东郊工业区结构调整的东风，成都市委、市政府决定配合东调下决心整治沙河就顺理成章了。在“东调”启动3个多月后，2001年11月28日，总投资32.48亿元的沙河环境综合整治工程宣告启动。2004年12月30日，包括截污、防洪、绿化、道路等9大配套工程的沙河改造工程，历时3年，终于全面结束。

2004年12月，沙河工程整治甫一结束，就荣获了“中国人居环境范例奖”。

2005年7月，沙河工程趁胜挺进，去竞争有着世界级河流奥斯卡大奖之称的“国际舍斯河流奖”。

这项大奖，于1998年由澳大利亚与联合国共同发起。每年评一次，奖金为22.5万澳元。该奖评选的并非仅限于河流，凡致力于环境修复的个人或机构，以及河流和蓄水区管理项目，均有机会参评。它的评审标准非常之高，我国在该奖项上还是空白。

沙河工程首次申报“国际舍斯河流奖”，作为亚洲唯一的发展中国家河流治理项目入围决赛。但是，沙河最终与该奖失之交臂，只得了个纪念奖。

2006年4月，沙河再次申报“国际舍斯河流奖”。这年7月12日，沙河成功入围该奖四强名单。同时入围该年度决赛的还有美国克什米水岭、澳大利亚麦加利河和加拿大密瓦辛峡谷。

9月5日傍晚，该奖在澳大利亚昆士兰州首府布里斯班市会展中心的大礼堂举行盛大的颁奖典礼。来自世界各地36个国家和地区的五六百人，包括组委会的官员，出席了颁奖仪式。整个颁奖典礼保密工作做得很好，处理得很有悬念，哪怕奖杯都已放到了台上，仍然没人知道究竟谁是得主。

颁奖典礼表面上是一个轻松的冷餐会，这个堪称马拉松的冷餐会持续了6个多小时，因为四条入围河流的情况需要在大屏幕上一一介绍。沙河是最后一个出场亮相的。大屏幕上，播放着沙河整治前前后后的画面，播放着成都沙河工程的代表刘群芳熟悉的音乐。台下的刘群芳把心悬到了嗓子眼，生怕去年令人失望的一幕重演。

宣布结果的时刻终于降临。全场倏地安静下来，所有人都满怀期待地望着主持人。刘群芳感觉她的心在狂跳。

“Sha River！”主持人在故意卖了个关子之后，朗声宣布道。掌声和欢呼声四起。在场的中国人无比激动，刘群芳的热泪夺眶而出，情不自禁地从座位上一跃而起。紧接着，祝贺的拥抱和握手接踵而来。

沙河工程为什么能赢得“国际舍斯河流奖”呢？

最关键的因素是，沙河被重新定位为自然型、生态型、亲水型河流。最难能可贵之处是，它没有像府南河改造工程一样，以硬质堤防和高筑的直立断面示人，造成亲水性的障碍，而是保留了自然河流河岸的优美形态，河湾、缓坡、浅滩、水草，宛然天成，沿岸还根据地形造出50米至200米的绿化带。沙河整治把森林引进了城市，工程建设了44.44公里绿化灌溉线，总体绿化面积345公顷，全线栽植桂花、广玉兰、金叶女贞、银杏、黄葛树、水杉等特色观赏乔木12.2万株，栽植各类花草310多万株，种植草坪21万多平方米，构成了可观的植物生态群落。

沙河这条古老的河流，在20世纪50年代和新世纪曾经两度变身。今日之沙河，既古老又年轻，青春勃发，变得野趣十足、花枝招展了。放眼望去，曲折蜿蜒的河湾，一河清流悠悠来，时而宽，时而窄，时而水平如镜，时而浅滩急水，疾徐有致。水边，有芦苇、凤尾竹随风摇曳；河畔，是生态护岸的浅坡，乔木、灌木、花卉、草坪交织搭配。有孤零零的小岛在一片片湿地中，那是鸟类和蛙类的栖息地；有一块块的鹅卵石散布河中，硬化保水的河床上还专门凿了小洞小孔，那是为鱼虾预留的家园。从此，风景如画的沙河两岸再添丽景，有了垂钓的渔竿，有了起落的罾网，有了翩飞的白鹭，有了啁啾的鸟鸣，有了散步的情侣，有了晨练的老人。

沙河，还精心构筑了一条散点式的文化长廊，把成都的水文化、历史文化和现代工业文明等元素，有机地融入沙河两岸的美丽风光之中。随着沙河改造工程的结束，沙河八景也应运而生。北湖凝翠、新绿水碾、三洞古桥、科技秀苑、麻石烟云、沙河客家、塔山春晓、东篱翠湖这八大景点，犹如镶嵌在沙河沿岸的八颗宝石，装点着今日沙河迷人的风姿。

古老的沙河终于在新世纪重生了！

东郊各厂的最后去向

在20世纪80年代，成都东郊工业区进入鼎盛时期，成为中国西南地区举足轻重的工业基地。“占地16.4平方公里，汇集了机械、电子、医药、食品、冶金、化工、建材等38个行业大类184个细类的工业企业，驻扎有大中型工业企业253家，高等院校19所，拥有科研人员40余万人，产业大军近百万人，工业比重一度占到全市GDP的48.6%，工业生产总值占社会总产值的65%，工业对地方财政的贡献率超过60%。”①

成都东郊工业区在走过20世纪90年代初期最后的辉煌以后，到了20世纪90年代中期，它和全国各地老工业基地的命运一样，也开始步入困境，不仅辉煌不再，而且“不少企业厂房破旧，设备老化，工艺落后，经营艰难，职工生活困苦。过度集中的工业企业使东郊‘三废’突出，热岛效应明显，城市面貌脏乱，生态环境被污染……东郊已不堪重负，昔日东半城在挣扎中走向没落。至2000年，东郊区的工业总产值在全市GDP中的比重下降到20%以下，企业平均负债率高达70%以上，亏损近6000万元，大批企业举步维艰，

① 《东调纪实》，成华区政协文史学习委员会编印，准印证号：川成新出（2015）035，第38页。

不少企业破产。”①

成都东郊，这个昔日的城市郊区，如今早已发展成了中心城区。我们这个时代，必须处理好工业经济持续发展与城市建设、生态文明建设这对社会矛盾，这是对城市领导者的必然要求。

2001年8月8日，这是一个历史性的时刻。这天，中共成都市委、市政府做出重大决策：实施东郊工业区结构调整。到了2006年年底，通过历时五年的艰苦努力，基本完成了东郊工业企业的搬迁改造。这年的12月27日、28日，有两个标志性的事件标明“东调”的基本完成：一是长2482米的东延线贯通通车，它连接东大街，穿过原来攀成钢的主厂区；二是作为东郊老工业基地的标志性建筑——原攀成钢厂区内6根超过90米的烟囱被定向爆破。

成都东郊工业集群化整为零，搬出了这个老工业基地。那么，那些原在沙河两岸的一座座工厂，它们的最后去向究竟如何呢？

我们还是择其要者而述之吧。

攀成钢

攀成钢公司是由成都无缝钢管有限责任公司和成都钢铁厂联合重组的，于2002年初启动迁建工程，将生产区搬迁至青白江区。2005年10月18日，总投资15亿元的340连轧管机组在攀成钢新厂区竣工并投入生产，填补了国内空白。2006年，攀成钢销售收入达到78亿元。

---

① 《东调纪实》，成华区政协文史学习委员会编印，准印证号：川成新出（2015）035，第39页。

前锋无线电仪器厂

现名成都前锋电子（集团）有限责任公司，成立于1958年，是中国第一批电子仪器军工骨干企业，工厂原址在成都东郊的府青路。前锋是被列为“东调”首批试点单位而搬迁的第一家企业，搬迁至成都市高新西区。前锋在高新西区建成四幢现代化厂房，一处职工食堂和培训中心大楼，总建筑面积4.3万平方米。前锋为今后发展奠定了坚实的基础，构筑了崭新的平台。

冶金实验厂

成都冶金实验厂最初只是成都量具刃具厂的一个炼钢车间。到搬迁改造前的2000年，总资产已达47525万元，负债22058万元。生产基地迁往新都区，该厂所有的建材市场和仓储物流配送中心就地发展。2003年1月组建成都成实实业（集团）有限责任公司，公司成功转型为集生产、制造、加工、销售于一体的综合性现代企业集团，企业注册资本1.1亿元，下属十余家子公司。

工研所

成都工具研究所成立于1956年，是原机械工业部直属的、全国唯一的综合性工具科研开发机构，现在转型为科技型企业，改制为成都工研科技股份有限公司，是我国工具行业的龙头企业。工研所原址50亩土地通过转让的方式换了2600万元的搬迁改造资金，又以每亩5万元的价格在新都区购置了125亩土地修建产业化的基地，花园式新厂区建筑面积达到3万平方米。2007年销售收入达到1.3亿元，较2002年增加8000万元，利润2000万元。

新都机械厂

即420厂，现名成都发动机（集团）有限公司（简称成发集团），是中央在川的特大型军工企业，也是东调中的第二家大企业，从一开始提出搬迁就受到各方面的关注。东调办的领导说："如果420厂搬垮了，东调就宣告失败！"420搬迁的结果太重要了，它不仅涉及这个有着1.3万职工和近20亿资产的工厂的命运，也直接影响成都这个中国西部特大型中心城市的形象。2005年12月6日，当420厂老厂区的地块终于拍卖成功的时候，成都市东调办的一位处长感叹道："420厂的搬迁太典型了！东调搬迁企业所能遇到的各种问题，420厂全都遇到过，真不容易啊！今天才算是有了结果！"420厂的搬迁过程不仅一波三折，十分艰辛，而且堪称惊心动魄。限于篇幅，就不在这里赘述了。

成发集团搬迁到新都区三河镇省级工业经济开发区内的大东村、二江村、长桥村。2003年5月28日，成发集团举行新厂开工奠基典礼。2005年，企业各项经济指标再创历史新高，现价工业总产值达到8.56亿元，比搬迁前同比增长18.6%，实现利润1847万元。

成都量具刃具厂

国家“一五”计划重点建设项目之一，始建于1956年，现名成都成量工具集团有限公司。成量集团占地406亩，2000年总资产56607万元，负债51990万元，资产负债率达91.84%。成量公司迁址新都区绕城路南一段199号，占地248亩，建成建筑面积128万平方米，绿化面积4.5万平方米的现代化生产基地。这个主导产品先后获得6项国家级金、银奖，数控孔加工刀具获得“中国名牌”称号的优秀企业，2011年又建立了四川省省级院士工作站。2011年，公司总资产达到11亿，销售收入近7亿元。

川棉厂

现名四川第一纺织股份有限公司，是在原川棉厂基础上组建的省属国有控股企业，是西南最大的印染企业。公司占地458亩，2000年总资产34409万元，负债13948万元。最高年产量达1亿米，最高年创汇1000万美元。2005年该公司改制成立四川川棉印染有限公司。2007年，公司迁至金堂县淮口镇成都纺织印染工业园。新厂区紧邻成南高速公路和成达铁路，交通便捷。公司陆续投资2.7亿元，建成现代化厂房6万多平方米，拥有6条连续染色生产线、两条圆网印花生产线。

南光厂

其前身是晚清时期的四川机器总局，主要生产枪械。中华人民共和国成立后，更名为708厂（国营南光机器厂、109信箱），主要研发、生产真空设备。2003年，企业改制为民营控股公司。2006年，工厂搬迁至龙泉驿区成都经济技术开发区。

光明器材厂

现名成都光明光电信息材料有限公司，1956年筹建，1964年投产，是我国“一五”期间苏联援建的156个重点项目之一，是中国第一家专业生产军民两用光学玻璃的企业。改制前，该厂占地654亩，总资产31亿元，员工4000余人。光学玻璃产销量保持世界第一，拥有全球30%以上的市场份额。公司搬迁至龙泉驿区成都经济开发区。2009年，光明工业园区如期竣工，项目总投资4.9亿元，占地657亩。迁入新址后的光明光电再次迎来快速发展的契机，2012年的营业收入达到17.17亿元，实现利润1.31亿元。

715厂

715厂（国营成都宏明电子厂、82信箱）是我国“一五”期间苏联援助的156项重点工程建设项目之一。715厂于2000年完成改制，并发起设立为股份有限公司。宏明电子股份有限公司是“东调”企业中的盈利企业。已连续二十年荣获中国电子元件百强企业，公司系国家西部大开发重点支持的综合性新型电子元器件基地型企业。2006年被中国电子商会评为“中国电子产品最具潜力品牌”。公司不仅于2000年获得国际质量体系认证，而且还于2004年通过了GJB9001A-2001军工质量体系认证，并连年通过复查。

宏明电子被列为成都市第二批搬迁企业。2002年6月，宏明公司启动搬迁程序，2003年完成搬迁任务。在地处龙泉驿区的成都经济技术开发区、青羊区的蛟龙工业港、青羊区工业集中发展区的双新科创园，建成了三个分别占地100亩、32亩、108亩的生产工业基地。这三个工业基地在产品链上互为补充，形成8大门类8万个细规格的产品系列。这个经历了50年风雨的军工企业，以全新产业布局和发展态势呈现在世人面前。

719厂

719厂（国营成都新兴仪器厂、69信箱）是我国“一五”期间苏联援助的156项重点工程建设项目之一。719厂实施政策性破产后涅槃重生，轻装前进，脱胎换骨，成为中国航天科工集团成都航天通信设备有限责任公司，是中国航天通信（集团）公司和北京航天测控技术开发公司共同投资组建成的专业化军工企业，主要从事航空航天通信和导航设备、电子产品及多层精密印刷电路板的研发制造。公司是航天系统星、弹、箭所需印刷板的定点生产厂家和首选单位，是我国最大的军用印刷板企业之一，神舟系列飞船上的相当一部分印刷板由该公司生产制造。

航天通信设备公司被列为成都市第七批搬迁企业，于2003年12月启动搬迁程序，迁往龙潭工业区航天路。2005年12月，新厂区竣工，新厂占地200亩。

773厂

773厂（国营红光电子管厂、106信箱）是我国“一五”期间苏联援助的156项重点工程建设项目之一。20世纪80年代，红光厂已进入全国电子行业百家大型骨干企业行列，是成都市的出口基地企业。有黑白显像管以及玻壳、各种电子束管、电光源等14类300多个品种，30多项国家、部、省级优质产品，30多种产品销往北美、欧洲和东南亚等地的十几个国家和地区，1990年被批准晋升为国家一级企业。红光由此进入一个鼎盛时期，工业总产值达1.8亿多元，工厂曾获得来厂视察的多位国家领导人的表扬，并获得十年创新奖、金马奖、全国环境优美工程奖等部、局、省、市颁发的约200项光荣称号。1988年至1989年，红光厂兼并了三线建设搬迁单位原国营新光电工厂、国营庆光电工厂。1992年9月改制，成为成都市首家国有大型企业通过股份制改造建立的股份制企业，在成都市开创了金融资本与产业资本大规模融合的先河。

1997年，红光陷入“股票门”惊天大案，次年被中国证监会依法查处，红光编造虚假利润，骗取上市资格，隐瞒重大事项，挪用募集资金买卖股票；上市以后，继续编造虚假利润，实际亏损额相当于募集资金的55.9%。股票案处理之后，红光分别被安彩集团和广东福地兼并重组。安彩集团成立了安彩成都电子玻璃有限公司，于2000年建成投产。

2001年10月8日，红光集团宣告破产。职工安置就业的问题，一度成为企业重组之前最大的难题。红光电子管厂从此烟消云散，只在建设南街的东侧原地留下了红光一区、红光二区、红光三区的宿舍小区。

784厂

784厂（锦江电机厂、107信箱）是雷达总装厂，是地处成都的两个国防工业总装厂之一，也是我国“一五”期间苏联援助的156项重点工程建设项目之一。

成都“东调”开始的时候，该厂正面临着9亿多元的沉重债务问题，资产不明晰，当时的条件不允许他们申请搬迁。在20世纪90年代后期，该厂是全国生产录像机的龙头企业，根据国家的指令计划贷款2亿元引进了录像机生产线，建成后仅生产了一两年，产品就更新换代了。利滚利的结果是欠下银行巨额债务。

“东调”开始时，成都周边区、县招商引资，都纷纷上门来邀请该厂去当地发展，以作为当地经济发展的支撑点。但该厂老厂区占地仅300余亩，卖土地的钱会被银行收回抵债。根据当时的级差地价，如果贸然搬迁，可能搬垮。等到有条件搬迁的时候，经济环境发生了很大的变化，“东调”有关的优惠政策没有了。于是，该厂暂时未搬迁。

970厂

亚光始建于1965年，是三线建设时期的内迁厂，是中国第一批研制生产微波半导体器件及电路的骨干企业。亚光公司是被成都市列入第二批次的搬迁企业，是“东调”搬迁企业中的盈利企业。2003年11月5日，公司正式进驻东虹工业园。2007年，亚光公司又在高新西区实施“东调”二期工程，购了55亩土地，建设亚光微波设备生产基地。“东调”为公司创造了跨越式发展的契机。

776厂

766厂（国光电子管厂、6信箱）位于建设路1号。国光是我国“一五”期间苏联援助的156项重点工程建设项目之一。面对国外技术封锁和工艺技术的空白，该厂从国内第一只低噪声行波管开始，开启了我国军用微波管研制生产的新纪元。此后，变频磁控管、第一只千瓦级大功率连续波行波管、第一只栅控连续波行波管先后在该厂诞生。2000年10月，该厂成功改制为国光电气股份有限公司。

2001年9月，国光电气被成都市列为“东调”第二批搬迁改造企业，是“东调”企业中的盈利企业。该公司搬迁到设在龙泉驿区的成都国家经济技术开发区，占地200.83亩。2005年9月，国光龙泉产业园竣工，为国光战略发展搭建了新平台。国光对企业发展布局进行了大调整，生产单位集中调迁到了厂北区，建立了军品、民品两个生产研制基地；办公楼机关各处室迁到国光大厦，建立企业总部，形成了一个总部、两大基地的新格局。到了2012年，公司总资产接近7亿元，净资产达到4.3亿元，成功实现转型发展、升级发展的目标。

745厂

745厂（国营西南专用材料厂、253信箱）位于建设路口对面二环路边，北边比邻719厂。745厂为苏联援建的北京电子管厂钨钼材料分厂，于三线建设时期迁到成都，组建为西南专用材料厂，是全国最大的军用钨钼丝生产基地。1994年，该厂改组为成都虹波实业股份有限公司，是成都市列为第六批次的“东调”企业，也是“东调”企业中的盈利企业。2003年7月，公司启动搬迁。该公司搬迁到两个地方：一处是搬迁到青白江工业园区，筹建成都虹波钼业有限责任公司，2006年12月建成投产；另一处，公司整体迁至设在龙泉驿区的成都经济技术开发区，2006年完成全部搬迁任务，当年投产。新厂区占地322亩。

通过土地置换，公司获得搬迁改造资金4.29亿元。有了钱，公司专门从德国引进了一套用于加工钼粉的全球顶级设备，一年可为公司带来至少几百万元的利润。2004年，公司又投资6000万元，建厂生产钼酸氨，并与日本联合材料株式会社共同出资5000万元，成立了成都联虹钼业公司，专门生产钼片，填补了国内空白。企业搬迁之后的三年时间，利润翻了7番，企业规模位列国内同行前列。

建设路华丽转身

《中国经济时报》认为，成都“东调”最大的成功源于不以政府盈利为目的的土地运作，所得资金全部用于企业搬迁改造，既提升了成都工业发展的能级，也为大面积城市重塑赢得了空间。正是有了这个前提，才让成都东郊这个老工业基地来个华丽转身。建设路的华丽转身有一个仪式性的日子，这就是2009年12月24日。

这个仪式性的日子是由数以千计的平凡日子作为铺垫的。

21世纪之初，“东调”战略在实施的过程中，大量企业陆续迁走，新兴产业尚未建成，成华区警觉到可能出现经济空心化现象，于是开始加快转变发展方式，以推动传统工业经济向服务型经济转变。成华区引进了SM集团，总投资5400万美元，将宏明厂部分旧厂址规划打造为极具现代潮流感的SM购物广场。SM广场的建成，改变了城东没有大型时尚商业综合体的现状，树立了东部城区现代商贸业的标杆。

2006年底，成华区建成512建材市场，引进了沃尔玛、台湾莱雅、伊藤洋华堂等零售业巨头，打造了以大蓉和等知名餐饮企业为核心的高档餐饮集群片区。以SM城市广场为龙头，商业网点和配套建设为支撑的建设路，城市商业副中心开始形成。

在前锋厂旧址，打造了“财富又一城”，是城东标志性的大体量商业载体。

过去连接成都东郊宿舍区和工厂区的建设路，2006年时被规划为建设路商圈，规划面积19平方公里。在业态上，建设路商圈已呈现出现代服务业高端发展、聚集发展的态势。聚集了华润万象城、伊藤洋华堂等5000平方米以上卖场15个以及华润大厦等高端写字楼16幢，呈祥东馆、红杏等21家知名餐饮企业在此汇聚，协信、希尔顿等三家五星级酒店及招商·东城国际商务广场、香港九龙仓江湾城、科大南苑信远商务城、协信城市综合体、国光商业综合体在此聚集，建设路商圈的蓬勃发展有目共睹。

2009年，成华区可供建设用地达到31.5万平方米，成为成都市三环路以内唯一有大幅地块出售的中心城区。成华区引进了多家国内外知名房地产开发企业，包装、策划、新建了一批高品质的房地产项目。北京首创、香港花万里、香港通瑞汇港等知名房地产企业先后进驻，推出了凤凰城、伊藤商业楼、花样年·花郡、浅水半岛、蓝水湾、上行东方、一代天骄等品牌地产项目。

昔日老厂逐渐被一个个现代感十足的高品质住宅小区取代。比如：宏明厂旧址上打造的“耀之城”，国光厂旧址上打造的“首创·爱这城”，前锋厂旧址上打造的“金色家园”，成都一汽旧址上开发的“蓝光·富丽花城”，420厂旧址上打造的“华润二十四城”和“万象城城市综合体”，亚光厂旧址上开发的“万科·金域蓝湾”，虹波厂旧址上打造的“龙湖三千里”，新兴仪器厂旧址上打造的“龙湖三千城”和“龙湖三千集”，针织一厂旧址上新建的百姓安居的“海棠名居”，银河科技公司旧址上开发的“花样年·花郡”，在107信箱第一宿舍区锦电南苑旧址上开发的综合商业楼“钻石广场”，在红光第一宿舍区旧址上开发的综合商业楼“高地”，在川棉一厂旧址上打造的惠民工程住宅区“锦绣东方”……工业老基地脱胎换骨，城市东部日益呈现出精彩纷呈的迷人风采。

尤其值得一提的是，成华区利用原红光电子管厂旧址，打造了极具个性的文化创意产业基地——东郊记忆（旧称成都东区音乐公园），这是成都传媒集团运用工业遗产保护与文化创意结合的理念打造的以音乐为主题的产业园区。

随着一大批高档住宅的成功开发，城东人气、商机开始聚集，为商业地产开发带来了契机。万科、华润、龙湖等品牌商业载体相继入市，不仅商业地产经济得以兴旺，而且也改写了“城东无大商业”的历史。2009年3月21日，成华区在2009中国商业地产行业年会暨年度颁奖盛典上，被商务部和中国商业地产联盟授予“中国商业地产最具投资潜力城区”荣誉，成华区因此成为中国西部地区唯一获此殊荣的区县。

紧接着，这条曾经背负着沉重历史的老旧过时的建设路，迎来了彻底改造的日子。成华区花了1.5亿元，把建设路打扮得时尚光鲜，焕然一新。最难能可贵的是，还不忘在建设路上留下东郊工业文明的印记，在建设路的入口处，建了一道雄伟的酱红色牌坊，牌坊采用了一台桁车的独特造型，上面镌刻着毛泽东字体的“建设路　一九五八年”几个字。

2009年12月24日，是举行建设路开街仪式的日子。当晚没有阻断交通，看热闹的人很多，可谓万人空巷。街两边的梧桐树上披挂的满天星发出梦幻般的星光，街中间是亮着雪亮光柱和红色尾灯的汽车车流来来往往，街两边宽敞的人行道上，14支为仪式造势的游行表演队伍载歌载舞。晚上8点整，在“高地”大厦前临时搭起的小舞台上，当市、区几位领导的右手同时按在一个发着微光的水晶球上时，球体突亮，迸射出万道金光，球面上打出“热烈庆祝建设路开街”的环形字幕。刹那间，欢腾的音乐和喜洋洋的锣鼓同时响起，宣告建设路正式开街。

在热烈喜庆的音乐声中打头阵的，是两条造型别具一格的客家巨龙，一青一黄，翻滚腾跃，看得人眼花缭乱。接着是西式化装舞会队，一色的蝴蝶面具和曳地长裙，一色的女性，仪态万方。花环队、彩扇队、彩绸队、腰鼓队、轮滑队，等等，八仙过海，各显神通。最扯人眼球的是动漫真人秀，他们把自己装扮成经典动画片和经典游戏里的动漫人物，造型很酷，表演夸张，色彩鲜艳。游行队伍到哪里，哪里就会掀起欢腾的热浪。

建设路以自己的时尚和繁华，实现了华丽的转身。建设路不负众望，正在变身为“建设路大商圈”的核心。

在东郊记忆里徜徉

在老东郊的记忆里，原82信箱工厂区的围墙外（今SM广场路口），有一条大名鼎鼎折腾了四十年之久的烂路——方块路。这条路当年连接的工厂，有红光电子管厂、宏明无线电器材总厂、光明器材厂等三个军工厂，以及一个市属国营企业耐火材料厂。这条路早已修得宽阔平整，并且改名为建设南路。沿着建设南路一直往东，可以走到名声如雷贯耳的工厂——原红光电子管厂的大门口。红光电子管厂在1980年以前是我国最大的电子束管基地，这个当年一度极其显赫、红得发紫的红光厂，早在1998年就倒闭了。出人意料的是，它的原址并未被夷为平地，周围修起气派的高层电梯公寓，它居然幸存下来！由于新业主成都传媒集团的胆识和大手笔，红光厂老厂区所代表的东郊工业文明遗产得以保留下来，成了大名鼎鼎的东区音乐公园（后改名东郊记忆），真是善莫大焉，功莫大焉！

东郊记忆园区占地218亩。这个老厂区一拿到手，就被成都传媒集团定位于打造文化创意产业基地，类似于北京798那样的文化创意产业园区。当年，邀请了一位大名鼎鼎的设计师来对这个老厂区进行设计。面对野草遍地的荒凉厂区，究竟该怎样打造，确实让这位老设计师颇为踌躇。他拿着老厂区的老设计图，在工厂里转悠。他曾经设想过多种方案，最后决定：尽最大的可能保护工厂的所有老建筑的原有形态，尽最大的可能保护原来的老烟囱，尽最大的可能保护原来的纵横交错的各种管道，让这些工业文明的元素符号保留下来。老设计师的努力化为了今天东郊记忆的现状。

东郊记忆极具个性，这是运用工业遗产保护与文化创意结合的理念打造的以音乐为主题的产业园区。14万平方米的老厂房、老烟囱等老建筑被保存下来了，纵横交错、粗细不一的各种管道也被保存下来了，游人在东郊记忆里游览，很难不产生时空穿越的感觉。如何利用红光厂遗址，在业态的选择上曾经颇费周折，经过反复调研，才最终将其定位。东郊记忆不仅依托东郊工业老基地厚重的历史文化积淀而建，而且找准了一个业态，围绕音乐数字基地这个核心，让餐饮区、明星街、酒吧街、成都舞台等主题功能区大放异彩。东郊记忆拥有18个展演场馆，风格各异、功能各具，已成为四川乃至中国唯一的剧场展馆聚落。比如：其中的东郊剧场，其剧场设施的配备是成都市第一流的，可以接待国内外的大型演出团体驻场演出，可以在剧场里进行高清摄像和多媒体的剪辑。又比如：773电影院，采用目前国际上最先进的爱玛思放映格式，这是在成都难得一见的电影放映大厅，银幕高达12米，放映的图像极其清晰，层次分明，声音逼真丰富。这里集互动体验、创意产品、休闲旅游、娱乐餐饮为一体，在传承工业文明体验的同时，以年代记忆为载体、精品展演为主题，正在打造新型文化创意产业园。

这个项目的打造一直秘而不宣，直到它在2011年国庆前的半个月突然撩开神秘的面纱，成都的媒体一齐给力炒作的时候，人们才第一次听说了它。紧接着，各种报道连篇累牍，纸媒屏媒齐上。一个个吸引年轻人和游人的大型活动接踵上演，在全城掀起了一场全民音乐和游乐的风暴。并且，凡有明星名人到成都，媒体总要邀请他们去东区一游。东区如日中天，大名如雷贯耳，成都人想不去走走都不行了。

东郊记忆的打造，真的可圈可点。在园区里徜徉，整个街区弥漫着浓郁的工业文明的气息。每晚上演小剧场话剧的国家小剧场基地，是当年我国最大的显像管玻壳生产基地的宏大厂房。音乐文化主题酒店，是20世纪50年代苏联专家帮助盖的办公楼。露天的成都大舞台、东区演艺中心、音乐大市集，无一不是设置在原先的或红砖、或灰墙的老厂房。

酒吧集中区，是最令游人兴奋的地方。这里，有一条不宽的过道，过道两边是一家家风貌各异的酒吧；上下两层的密集管道排列整齐，被漆成了以绿色、黄色为主的鲜明色彩，纵横交错地从游人的头顶穿越而过；道旁，从类似水塔的塔柱中间盘旋升空的一排排管道，呈现出形式感之美；还有三根高大的烟囱，寂寞地耸立着。这里，时尚与工业的碰撞叫人怦然心动。

东区的东大门是工业与音乐元素结合的精萃。大门的右侧，耸立着一个高达几十米的超级巨型“锅炉”，锈迹斑斑的炉体上打着“东郊记忆”的标记；炉顶上有一个银色的雕塑，那是一个挥舞着指挥棒的音乐指挥，飞扬的燕尾服和后仰的身姿，让动感十足的雕塑显得非常浪漫。

东区的西大门十分另类，高大的大门是呈之字拐的钢架，上下两排镶嵌着一二十道搜集来的各种破旧的工厂钢门。门内是一个类似红珊瑚的大型雕塑，那是由三根主管道和无数分支加阀门、扳手组合的鲜红造型。

东区里的墙壁装饰，或图文并茂，或只有标语，也很有意思。如："大海航行靠舵手，干革命靠毛泽东思想"，"工人阶级硬骨头，跟着毛泽东我们走走走"，"深入开展工业学大庆的群众运动"，"干部警示录"等等。故意把它做旧，内容也是那个时代所特有的，很有历史的沧桑感，也很扯游人的眼球。

> 在东区，您可以开自己的个人演唱会；在东区，您可以自己写剧本拍电影甚至当主角；在东区，您可以零距离看主持人在台上亮出"十八般武艺"；在东区，您可以感受在车间看电影的独特体验；在东区，您不再只是随音乐舞动的吧客，而是引爆全场的DJ；在东区，不论您是美剧粉、苹果粉，还是小清新、小文艺，统统都可以找到"组织"……①

2011年11月25日，第九届亚洲传媒论坛暨第三届亚洲城市论坛在成都隆重开幕。在论坛开幕式上做精彩主旨演讲的约翰·霍金斯，是在全球第一个提出"创意经济"的概念，享有"世界创意产业之父"美誉的英国著名经济学家。虽然此次蓉城之行的日程安排得很紧，他还是主动提出要参观东区："我一定要看看东区，因为我关注它很久了。"

《成都晚报》记者王黎娟这样报道约翰·霍金斯的东区之行：

---

① 《光荣与梦想：打造中国音乐产业之都——写在成都东区音乐公园开园之际》，《成都日报》，2011年10月9日。

下午，霍金斯第一次来到他耳闻已久的东区，从下车看到的第一眼起，霍金斯一路上滔滔不绝，不断地向陪同人员提出问题，并不时爆发出爽朗的笑声，伸出大拇指表示称赞，“超出我想象的好”。[①]

约翰·霍金斯离开成都时这样表示：

东区音乐公园是我见过的全世界最好的文化创意产业园，它是那样地富有生命力，尤其是看到这么多人带着幸福的笑容陶醉其中，真是出乎意料，我感到太激动了。我要向英国，乃至全世界的企业家、音乐家推销东区音乐公园！[②]

从2011年10月盛大开园至今，东郊记忆艰苦创业，一步一个脚印，获得了一项又一项骄人的荣誉：国家音乐产业基地、国家AAAA级旅游景区、国家级科技与文化融合示范园区、亚洲音乐产业杰出创意奖、中国文化旅游新地标……

每一年，东郊记忆开展的园区活动都受到观众的喜爱，常常吸引数以万计的热情观众参与。东郊记忆的品牌形象正日益深入成都市民及国内外游客的心目中。东郊记忆，正在锲而不舍，为新技术、新产业、新业态的发展提供支撑，正在创造具有核心竞争力的品牌形象。东郊记忆，正以文化创意产业的形式传承着成都东郊工业文明的薪火。

---

①② 原载《成都晚报》，2011年11月26日。

留住东郊工业文明的印记

成华区有一片占地4.6平方公里的成都东郊文化创意集聚区，这里保存了14处工业文化遗产资源，几乎占了全成都29处工业遗产点位数的一半，这里是成都市工业遗产最为集中的区域。在这个创意集聚区里，就有大名鼎鼎的东郊记忆景区。国家旅游局公布的10个国家工业遗产旅游基地名单，四川省入选的只有东郊记忆，由此可见这个景区的影响力和知名度。

作为老工业基地的成都东郊，当年是名扬全市、全省乃至全国的工业建设的热土，老一代的产业工人在这片热土上演绎着史诗般的恢宏历史。这里的每一处工业文化遗产，无不见证着这座城市的崛起和辉煌，它们有着无可比拟的历史价值和文化价值，正是它们延续了成都这座历史文化名城的文脉。

立春的前几天，冒着刺骨的寒风，我去东郊文化创意集聚区采访。汽车从建设北路二段上路，经过电子科大沙河校区南大门，越过沙河上的踏水桥，沿着建设路三段一路东去，穿越架设在空中的俗称2.5环的中环路，来到了二仙桥西路段。

举目北望，就望见了一座宏伟的古堡似的青灰色建筑。这个建筑外貌奇特，8个高约30米的圆柱形的料仓，犹如顶天立地的巨人，每两个相通的料仓为一组耸立成4排。这里原是华西混凝土公司四川水泥供应站，建于20世纪80年代，顶层面对公路的功能房墙壁上，

“华西集团”几个巨型蓝字仍在发挥着广告效应。走进第一排料仓的大门抬头仰望，一个巨大的钢铁漏斗与仓顶连成一体，连接漏斗口的管道穿过悬在半空中的操作平台，想必这里就是混凝土的灌装现场了。并排的两个料仓一左一右，设有两个大漏斗，可以容纳两部汽车同时灌装。想当年，一辆辆混凝土罐装车从两侧的大门缓缓倒进仓内，平台上的操作工将漏斗的阀门一开，混凝土泥浆顷刻之间喷射而出，不知有多少混凝土罐装车曾经在这里来来往往啊！这个工业遗产项目无论将来怎样保护利用，只要将这座青灰色的“古堡”留存人间，就是一道风景。

放眼四望，除了远远近近有一些商住高楼，眼前尽是企业和低矮居民楼搬迁之后整理出来的地块，一片接着一片，伸向远方，地表还覆盖着绿色的塑料地罩，恍若绿草如茵。这就是成都市的“北改”工程创造的奇迹，这些土地有3000亩之多。很难想象，这里就是当年最大仓储物流集散地、车水马龙的八里庄片区。

> 过去，火车东站及占成都市80%以上的各类仓储设施分布于八里庄、二仙桥、龙潭寺地区，仓储设施占地数千亩，建筑面积逾百万平方米。众多铁路专用线贯穿其中，设施齐全，功能配套。川陕路、成绵高速公路、成南高速公路的起点段均在该区域，是成都市对外进行经济技术交流与交往的重要门户和人流、物流、信息流的汇集地。①

① 《东调纪实》，成华区政协文史学习委员会编印，准印证号：川成新出（2015）035，第43页。

如今，这里已经被定位为成都市副中心、市级服务业集聚区的“新八里庄板块”，将结合“文创之心，创客乐园”的定位，打造中部文化创意发展区。

八里庄火车东货运站于1952年建成，这里曾经是成都的经济重心，是成都最大的物流集散地，作为东郊老工业基地的组成部分，八里庄火车站名震全川，辉煌至极。以计划经济时代的成都百货大楼为例，它是一级百货批发站，分配给整个西南地区的百货由火车运来，都储存在东站附近的商储仓库里，然后再按照计划批发给二级批发站。片区内的各大企业都有自己的轨道，1条货运走行线和25条铁路专线呈放射状延伸，火车可以直接开进各家仓库。这一方面给物流转运提供方便，一方面又造成区域、道路的切割和阻断。密密麻麻的铁路线给居民的生活带来不便。

如今，成都东货运站早已彻底关闭，曾经辉煌的八里庄落下了帷幕，聚集于此的数十家企业也相继迁走了。密如蛛网的货运铁路线也被拆除了，但是特意保留了3060米铁路线和当年的站台，作为正在建设的二仙桥公园景观。

以这座青灰色的“古堡”为起点，至地铁府青路站，在中环路二仙桥路段的左右两边，正在建设一个略呈长方形、占地200亩的二仙桥主题公园。

二仙桥公园是历史与现代元素的融合。从前，在成都北门至龙潭寺的乡村道路上，有一道跨越4米宽水渠的单孔石桥，此桥建于清代道光五年（1825），光绪二年（1876）重修，民国七年（1918）整修。此石桥修得特别坚固，桥面可通行汽车，因此演绎出关于此桥的三个民间传说。

一说，此桥曾遭遇三次大洪水的冲击，每一次都不屈不挠，巍然屹立。其精诚所至让上界的两位神仙深受感动，二仙来到人间，一再施法术助桥抗洪，该桥因此转危为安。

二说，和合二仙寒山和拾得是中国民间的婚姻保护神，和合二仙的图画在我国传统的婚礼现场是必挂之物。清雍正十一年（1733），朝廷册封寒山大士为“和圣”，拾得大士为“合圣”。后来流传到民间，就成了“和合二仙”，成了掌管婚姻和美的喜神。传说，和合二仙曾经在此桥上成人之美，撮合姻缘。

三说，八仙中的吕洞宾和韩湘子被青羊宫的花会所打动，驾着祥云途经此地，曾在此桥降落小憩，遂得名二仙桥。

但是，此桥在修建成都木材防腐厂时被拆除。好在桥名作为地名保留了下来。在已初具雏形的二仙桥公园的入口处，树立着一道古香古色的关于“二仙桥路”的历史文化地标，将二仙桥的美好传说传承了下来。

二仙桥公园的周边，是工业文明遗址的重点保护区域，这里共有7个保护节点。它们是：古堡式的华西混凝土供应站，中车集团成都机车车辆厂厂部大楼以及机车厂厂房、灯光球场，原铁路站台以及站台前向北向东的两条铁路线，禾创仓库，101货运市场。

成都机车车辆厂，现在叫中车成都机车车辆有限公司，建于1951年，是新中国第一座铁路工厂，如今该厂已搬迁到新都石板滩工业园区。该厂的厂部大楼和灯光球场已被列为省级文物保护单位。

1955年3月，厂部大楼正式竣工，该建筑当时闻名全国。这是一座独立的砖混小楼，面积693平方米，是由中央人民政府铁道部工厂设计事务所按照苏联提供的图纸建成的。大楼由青砖砌筑，屋面盖小青瓦，屋顶为中国传统建筑的庑殿顶。庑殿建筑是中国古建筑中至高无上的建筑形式，在封建时代为宫殿、坛庙及神殿等建筑专用，其屋面有四大坡，正脊由前后坡屋面相交形成，四条垂脊由两山屋面与前后屋面相交形成，故庑殿又称五脊殿。这种庑殿顶的建筑形式让厂部大楼显得古朴敦厚、雄伟大气。这座大楼至今仍在使用。

这座大楼代表着一个时代的风貌，殊为难得。贾樟柯导演的描写成都东郊沉浮变迁的电影《二十四城记》曾在此取景拍摄，成都电视台曾两次为它拍摄纪录片，它还被四川省人民政府作为近现代重要史迹及代表性建筑公布为第12批文物保护单位。

成都机车车辆厂灯光球场坐落在宿舍区文化活动中心的背后，是一座有围墙封闭、有两道大门进出的体育场。它分为地上、地下两层。地上有五层环形看台，有雪亮的照射灯光，是一个专门用来观看篮球比赛的场地。地下层是专门设计建造的青少年宫，有十多个专门的活动室。每逢春节，地面的灯光球场就会专门开展摸福、套圈、钓鱼、猜灯谜等游园活动，地下层则开展青少年喜欢的游乐、游戏、书法、美术展览等活动。灯光球场建于20世纪60年代，一直为活跃机车厂员工的业余文化生活发挥着作用，至今保存完好。

机车厂厂房建筑形式多样，气势宏大，厂房内部都有可通火车的铁轨。尤其是已经确定保存下来的机车检修车间和转向架车间，更是罕见。以检修车间为例，其东边的出入口是一面变形的山墙，山墙上贴着6根下方上尖的楔形柱子，柱子之间排列着3道大铁门，柱子上部是5道巨型钢窗，屋顶的马头墙犹如戴着一顶帽子。此立面墙的上下部分涂成天蓝色，中部是米黄色，铁门、钢窗是深蓝色，在门窗之间穿越的楔形柱子也是天蓝色。这座厂房明显是一幢德式山墙建筑，造型独特，富于形式感的装饰之美。据悉，此处即将打造为地铁14号线中车站的站台，是成都地铁最美站台。

禾创仓库，是原成都禾创药业集团有限公司仓库，最初的业主是成都医药采购供应站。库房始建于20世纪50年代，是平房形状的红砖红瓦连体建筑，总共有8栋，每4个仓库为一列，呈对称排列。每个仓库长达52米，宽约25米，高度将近10米。每个仓库由5座连体平房构成，其左右各有5面立面马头墙，每面墙设有3个品字形的窗户，呈现檐部、墙身、勒脚“三段式”结构，其形态优美，是典型的苏式建筑。另外还有4层红砖宿舍楼两栋，4层冻库一栋，均保存完好。8号仓库曾经作为某电影剧组的临时摄影棚。

101仓库，原为铁二局机械厂，始建于20世纪五六十年代，这是一个工业遗址群，由3栋大跨度混凝土厂房和一个红砖水塔组成。在过去，红砖水塔司空见惯，但是此刻，这个高约24米的寻常水塔，在四周已经平整好的地块中鹤立鸡群。它在旁边那棵赤裸着枝丫的老树的衬托之下，勾起了我流连工业文明遗址的乡愁。谢天谢地，这个如今已经变得极其稀有的工厂水塔到底保存了下来！另外的3栋厂房建筑跨度大、面积大、开阔高朗，气势宏伟，可利用的价值高。

2017年10月26日，成华区面向全球，公开征集辖区3处工业遗产保护点位项目创意策划概念方案，奖金300万元。这一举措，预示着这些工业遗产的富矿，将得到令人满意的开发利用。这些重点保护的工业遗址，其保护利用的前提是，外轮廓不得发生改变；周边10米之内不得进行新建项目，15米之内，新建建筑限高要在保护建筑檐口之下；新建建筑风貌色彩要与保护建筑相协调。在使用功能上，有的或者可能引入博物馆、艺术展览、创意体验功能，有的或者可能引入创意办公、文化体验功能，有的或者可能引入竞技赛事、文化运动，有的或者可能引入社区综合体，有的或者可能引入公园休闲。在让人们记得住乡愁的前提下，这些重点保护的工业遗址将充分展示其迷人的新功能。

除了东郊记忆，在成华区的范围内，最具有知名度、最具有观赏性的工业遗址，莫过于“红楼”。

“红楼”是一座苏式尖顶塔楼，东郊人多爱叫它“莫斯科大楼”或“红楼”，它其实就是成都量具刃具厂首任党委书记兼厂长杨亭秀当年抗命坚持修完的量具车间厂房大楼。当年，杨亭秀宁愿将一切非生产性设施修成草房，也要咬紧牙关省下钱来建这幢大楼，并且完全按照苏联专家的原始设计，一点也不降低建筑标准。由此可见，成量厂这位掌门人眼界的不凡。

这座“莫斯科大楼”，南北两侧是三层平顶副楼，拱卫着中间高达六层的主楼。不仅如此，主楼的顶部还有两层高塔，塔体为六角形圆柱造型，下大上小，六个立面都是带弧形的落地窗，最顶层的圆柱体塔尖还伸出一根长长的避雷针。最令人叫绝的，是南侧副楼女墙的装饰，四周环以白色的栏杆和雕花，高低错落；米黄色的外墙，土红色的屋顶，异国情调十足。卓尔不群的独特气质，无不令观赏者备感新奇。

这座塔楼，在往后的日子里曾经几度改变颜色，后来干脆把它弄成了土红色的基调，类似于克里姆林宫的颜色，所以叫它“红楼”。

这座东郊工业文明的标志性建筑，堪称那个年代成都市最漂亮的建筑，近年已经被列为四川省重点保护的文物。

美学上有一句重要的名言叫“美存在于关系之中”。“红楼”虽然还是在老地方，但是今非昔比了。如今的“红楼”，周围是林立的摩天大楼，旁边有穿越而过车水马龙的府青路立交大桥，这种混乱的环境关系，让它卓尔不群的独特气质消散在尘世的喧嚣之中。

后记

回眸东郊，就是回眸成都东郊这个军事工业特区的光荣与梦想。

回眸东郊，就是回眸老东郊“小社会”的幸福生活。

回眸东郊，就是回眸老东郊人为共和国奉献的熊熊燃烧的激情。

回眸东郊，就是回眸老东郊人闪闪发光的青春时光。

回眸东郊，就是站在老东郊的这一片热土上，欣赏新时代的交响曲。

然而，这本名为《大东郊》的人文地理类书籍却非常难写，且不说现实的成都东郊体量十分庞大，相关的历史资料浩如烟海，相关的采访工作十分繁杂，就只说我本人在已经为成都东郊写过两部书（长篇报告文学《沉浮东方》、长篇小说《大梦沙河》）的情况下，再加上本次承担编写了成华历史文化丛书的街道卷之一《建设路》，如何突破窠臼，以人文地理的感觉来写好这本书，确实是令人头疼的事。

但是，毕竟我想写一本好书的愿望十分强烈，我也努力了。只是这套历史人文丛书的要求非常之高，完成的书稿恐怕也不尽如人意。

特别鸣谢：

中共成都市成华区委宣传部

成都市成华区文学艺术界联合会

成都市成华区文化馆

所有接受过我采访的东郊企业的工人师傅、中层干部、科技人员、厂级领导

接受过我采访的电子科技大学的教授、高级工程师

周明生

附录

1. 成都东郊老企业分布图

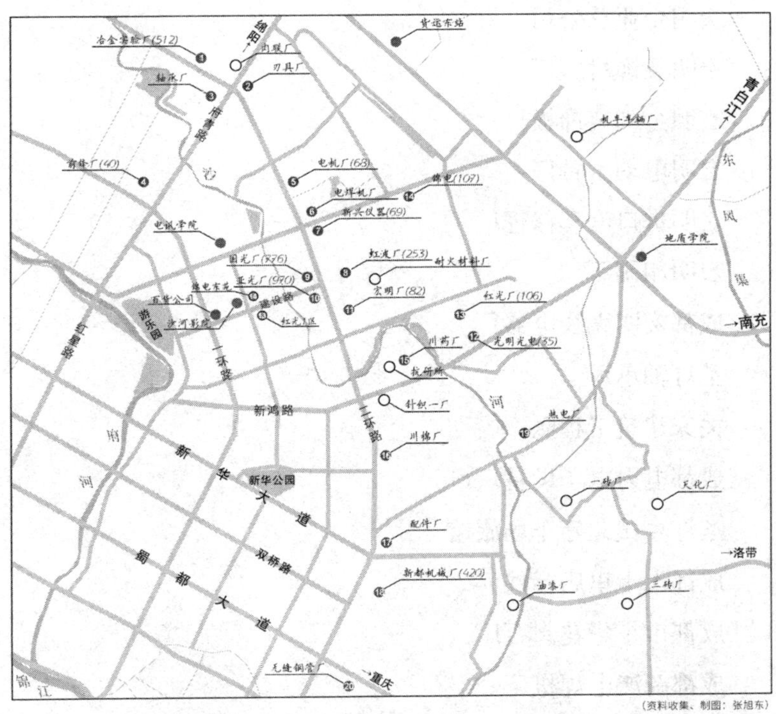

（资料收集、制图：张旭东）

序号	老名字	新模样
1	成都冶金实验厂(512厂)	汇融名城、永利星城都等
2	成都量具刃具厂	浅水半岛、协信中心、玛塞城等
3	成都轴承厂	蓝水湾
4	前锋无线电厂(766厂,40信箱)	万科金色家园、财富又一城
5	成都电机厂(906厂,68信箱)	翰林花园、香木林花园等
6	成都电焊机厂	万基蓝麟
7	新兴仪器厂(719厂,69信箱)	龙湖三千集
8	虹波无线电厂(745厂,253信箱)	龙湖三千城
9	国光电子管厂(776厂,6号信箱)	首创爱这城、水岸花园、华茂广场等
10	亚光电工厂(970厂,7号信箱)	万科金域蓝湾
11	宏明无线电厂(715厂,82信箱)	sm广场、星祥东馆

序号	老名字	新模样
12	光明光电(208厂,35信箱)	万科天荟
13	红光无线电厂(773厂,106信箱)	东郊记忆音乐公园
	红光宿舍一区	高地
14	锦江电机厂(784厂,107信箱)	(暂保留)
	锦电东苑	万科钻石广场、佳州星城
15	四川制药厂	保利康桥
16	四川第一棉纺织印染厂	锦绣东方、九龙仓御园
17	成都配件厂(银河动力)	花样年花郡
18	新都机械厂(420厂、成发集团)	华润二十四城、紫东芯座等
19	成都热电厂	蓝光东方天地、中粮锦云等
20	成都无缝钢管厂	环球贸易中心(在建)等

► 成都东郊老企业分布图　张旭东绘

2. 成华区乡镇企业名录

宏明企业总公司

宏明装饰材料厂

宏明金鹰装饰板厂

宏明电动工具厂

宏明进口汽车修理厂

宏明印刷厂

成都宏明无线电器厂

圣灯轴承厂

关家建筑工程队

成都电力电子设备厂

圣灯乡城北停车场旅馆

成都市十里店标件厂

成都市东华花岗石厂

成都新鸿电焊机厂

成都红光综合厂

成都东方电力线路构件厂

成都强力塔式起重机厂

成都市通用汽车部件厂

成都液压附件厂

四川利华实业总公司

保和冰厂

保和印刷厂

保和木材厂

保和大理石厂

保和汽修厂

保和塑料厂

保和砖厂

保和标件厂

保和蓄电池厂

保和酒精厂

华龙喷胶棉厂

成都天府水泥厂（龙潭水泥厂）

龙潭联合机制砖厂

龙潭联合机制二砖厂

龙潭联合机制平瓦厂

龙潭同仁机制联合砖厂

龙潭石马联合机制砖厂

龙潭鹤林联办砖厂

龙潭清水联办砖厂

龙潭威灵联合砖厂

平丰新型砖厂

龙潭保平砖厂

华龙水泥制品厂
成都市龙潭供销社
东林集团化工仓储基地
龙潭玻璃厂
成华区综合贸易总公司
成华区青龙商业公司
青龙建筑工程公司
青龙饭店
荷花池停车场
第四百货贸易区
青龙一砖厂
青龙二砖厂
青龙福利公司
青龙预制厂
青龙联运公司
青龙卷闸门厂
隔热材料厂
裕仁包装机厂
石化机械厂
青龙乡四龙黄泥加工厂
城乡建筑工程总公司木材加工厂
将军碑溶剂厂

青龙乡荆竹建筑维修工程队

将军碑建筑钢模厂

白莲蜀绣工艺品厂

将军园林建筑工程队

青龙电镀厂